rosenheimer raritäten

Hilda Sandtner

STRICKEN einmal anders

kreatives handarbeiten

rosenheimer

Inhalt

Vorwort

Stricken einmal anders! Was soll man sich unter einem solchen Titel vorstellen?
Ist doch das Stricken eine Handarbeitstechnik, die über Jahrhunderte in vielen Ländern der Erde so ausgiebig nach allen Richtungen hin erprobt und bis zu den feinsten Musterungen ausgebaut worden ist, daß daran nichts mehr zu verbessern ist. Die darin erreichte Perfektion ist nicht mehr zu überbieten. Die Maschine könnte höchstens noch die Geschwindigkeit des Ablaufes strickerischer Manipulationen erhöhen. Sie kann den Menschen auch in der Genauigkeit der Ausführung einer Strickarbeit übertreffen. Wo bleibt da noch ein Feld für Neuentdeckungen übrig?
Wenn man auf dem Gebiet des Strickens trotzdem noch einige Schritte weitergehen möchte, so kann es nur um das Ausbauen der gestalterischen Möglichkeiten gehen, die in dieser Technik liegen. Je mechanischer das Stricken geübt wird, desto notwendiger ist es, *in der schöpferischen Ausübung* eine Alternative zu finden.
Deshalb hat mich seit Jahren dieses Thema »Stricken einmal anders« beschäftigt. So wie in Makramée und im Weben neue Wege gegangen wurden, sollten sie auch für das Stricken entdeckt werden. Es liegen in dieser Technik noch so viele Möglichkeiten, die sie um vieles interessanter und liebenswerter machen und ihren Gebrauch in ganz neue Dimensionen ausweiten können. Diese neuen Wege zu finden, ist gar nicht so schwer.

Man muß sich während des Strickens nur selbst beobachten, wie die Hände sich bewegen, welche Formen sich beim Anschlagen des Fadens in einer Reihe zeigen, wie sich Gestrick an der Seite rollt, wie es sich kräuselt, wenn es von der Nadel genommen wird,

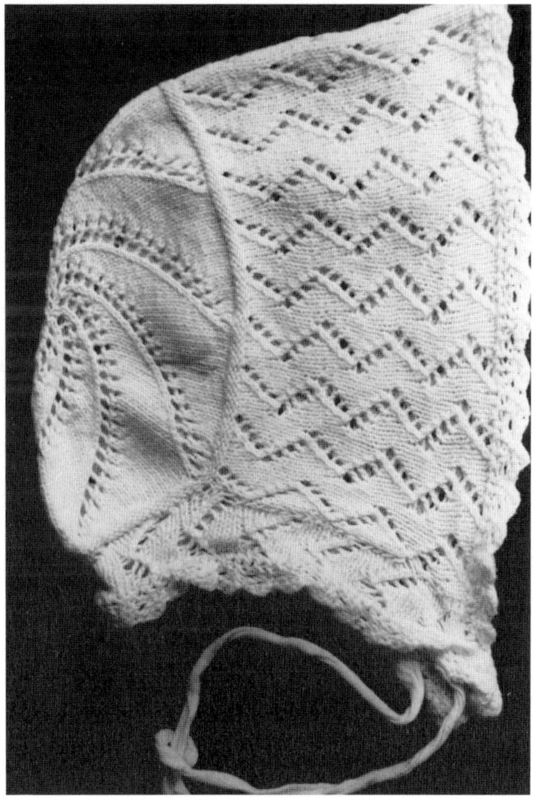

Kinderhäubchen mit einem sehr einfachen Kunststrickmuster. Solche Häubchen waren nicht nur im vorigen Jahrhundert, sondern auch zu Beginn dieses Jahrhunderts noch häufig in Gebrauch.

und wie es sich so zu einem freien Ornament von großer Zartheit und Eleganz legen läßt, wie das werdende Gestrick sich bei Dehnungen verändert, und wie es schließlich bei Auflösung durch Lockern der Maschen ein ganz neues graphisches Gefüge zeigt. Alle diese Entdeckungen, die während des Strikkens gemacht werden können, eröffnen neue Wege. Sogar die Fehler, die entstehen, können durch exakte Wiederholung zu Musterungen führen, die bis jetzt noch nicht dagewesen sind.

Die Weiterverarbeitung von aufgelöstem Ge-

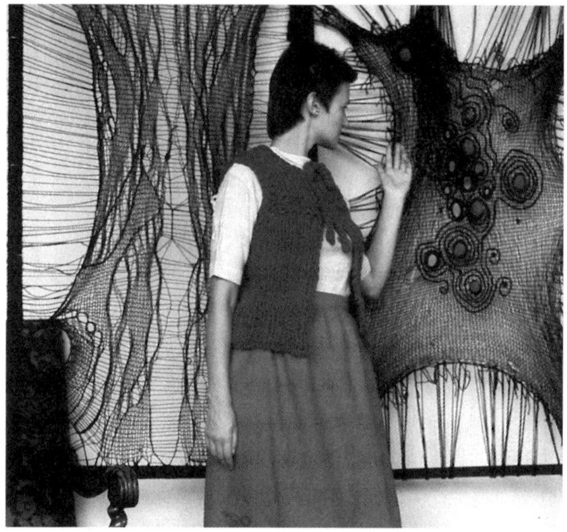

Verschiedenartige Verwendung von Gestrick in moderner Art. Vor einem Paravent aus verzogenem schwarzem Gestrick steht eine junge Dame, die mit einem roten Wollrock bekleidet ist, der Strickornamente trägt. Über dem Pullover, aus Seide und Leinen gestrickt, trägt sie eine lose Jacke aus dicker, dunkelroter Schafwolle. Mit vier Wollkordeln ist sie vorne zu schließen. Diese bilden den Schmuck der Jacke. An diesem Beispiel sieht man, wie schön verschiedene Gegenstände der Kleidung und Wohnung in moderner Strickweise zusammenklingen, wie sie stilistisch eine vollkommene Einheit bilden können.

Eine Weste in einem solchen einfachen Grundschnitt ist aus handgesponnener, naturbrauner Schafwolle in lauter rechten Maschen gestrickt worden. Der Strickereischmuck auf der rechten Seite ist ein kleines Bäumchen aus Gestrick, das mit kurzen Stichen aufgenäht worden ist. Bewundernswert ist die totale Einheit in Material, Farbe und Form, denn Strickereischmuck verbindet sich ausgezeichnet mit Gestrick, vor allem, wenn in beiden das gleiche Material verwendet wurde.

strick durch Übersticken, Ausstopfen, Verknüpfen und Verflechten, bietet noch zusätzlich ungeahnte Möglichkeiten, die aufgegriffen werden und in gestalthafter Art neue strickerische Ausdrucksmittel ergeben können. So kann etwa durch das Ausstopfen von ausgespanntem, verfremdetem Gestrick eine »Spitze« entstehen, die entweder als transparentes Gebilde verwendet oder durch Fixieren auf einem Grundstoff ein strickereiartiges, applikatives Werk werden kann.

Allen, die dieses Buch lesen und benützen wollen, möchte ich viel Freude und Erfolg bei solchen Entdeckungsreisen in das Gebiet des Strickens wünschen.

Zur Geschichte des schöpferischen Strickens

In der *Encyklopaedie der weiblichen Handarbeiten* von Therèse de Dillmont ist auf S. 229 im Kapitel *Das Stricken* zu lesen: »Eine der ältesten weiblichen Handarbeiten ist das Stricken. Diese Kunst ist vollständig ausgebildet; denn es lassen sich weder neue Stiche, noch neue Muster erfinden. Wir können demnach auch hier nichts Neues bringen, wohl aber aus den schönen alten, vorhandenen Vorlagen das Beste auswählen. Die Leserinnen mögen das Gebotene nach eigenem Ermessen verwerthen.«
Schade, daß am Ende des 19. Jh. sehr viele frühere schöpferische Strickformen bereits so weitgehend in Vergessenheit geraten sind, daß Madame de Dillmont nichts mehr davon begegnet ist.
In dem Buch von E. Harlow »Alte Muster neu gestrickt«, erschienen im Rosenheimer Verlagshaus, sind noch viele Hinweise auf originelle Strickereiformen aus viel früherer Zeit zu finden, die Therese Dillmont nicht mehr kannte, angefangen bei den koptischen Sandalensocken und Puppen über mittelalterliche Paramente, Hofkleidung der Renaissance, über gestrickte Bildteppiche barocker Volkskunst bis hin zu liebevoll gestrickten Taufkleidern des vorigen Jahrhunderts und vielem mehr.
Dagegen ist das Stricken als die *dominierende Handarbeitstechnik zur Herstellung von Gebrauchsgegenständen wohl bekannt.* Man ist heute nur viel weniger mit den *gestalterischen* Möglichkeiten dieser Technik vertraut.

Daß man beim Stricken *Muster* erzeugen kann, die im Wechsel der Formen und Farben künstlerische Qualität haben, ist bekannt und wird auch in unserer Zeit noch als schöpferisches Stricken geübt. In den nordischen Ländern ist diese Technik hoch ent-

Diese in Norwegerart gemusterten Handschuhe kommen aus Peru. Man kann es an der Art der Musterung, an den kräftigen Farben und am naturhaften, feingezwirnten Wollgarn erkennen. Das Musterstricken in dieser Technik ist bei vielen Völkern verbreitet.

wickelt worden, so daß man ihr der gestrickten Ornamente wegen den Namen »Norwegerstrickart« gegeben hat. Dabei ist aber diese schöne Schmuckform nicht nur auf die nordischen Länder beschränkt. Sie ist auch im Balkan und in der Türkei heimisch, wie gestrickte Strümpfe, Stulpen, Gamaschen, Mützen und Schals aus dieser Gegend beweisen.

Besonders schön kommen diese Muster heraus, wenn das Grundmaterial dünne, handgesponnene und selbstgefärbte Wolle ist. Während sie mit Maschinengarn ein wenig steril aussehen, gewinnen sie durch das sprödere handgesponnene Material eine unerhörte Lebendigkeit und künstlerischen Charme. Das ist einer der kaum mehr nachvollziehbaren Vorzüge alter Strickereien aus diesen Ländern.

In der Türkei und im Balkan stehen außerdem Muster aus der Tradition des Stickens und des Teppichknüpfens zur Verfügung, die sich in Strickerei umsetzen lassen. Die Farbenpracht dieser Muster ist bekannt, und sie zeigt sich ohne weiteres auch in gestrickten Gegenständen.

Diese Technik des farbigen, ornamentalen Strickens steht durch alle Jahrhunderte europäischer Kulturentwicklung neben der Musterungstechnik, bei der das Ornament im Wechsel der Maschenstrukturen entsteht, und neben dem Stricken von spitzenartigen Gebilden, einer Vorform des heutigen »Kunststrickens«.

Peruanische Puppen im Kanu. Die Peruaner haben eine sehr einfache Art, für ihre Kinder aus Stoffabfällen Puppen zu fertigen. Oft sind Gewebe dabei, die strick- oder netzartigen Charakter haben wie der Hintergrund, der beide Puppen im Kanu miteinander verbindet. Hier sieht man, wie schön diese alten Materialien miteinander korrespondieren, und wie dies gerade durch die Einfachheit des Puppenbaus in besonderer Weise zur Geltung kommt.

Ausschnitt aus einem großen gestrickten Teppich der Renaissancezeit, der in der Art der Norweger-Muster gearbeitet ist.

Strickereiverfremdung in zwei Farben. Durch die Auflösung zeigt sich die Graphik des Gestrickes, die bei jedem Material verschieden ist.

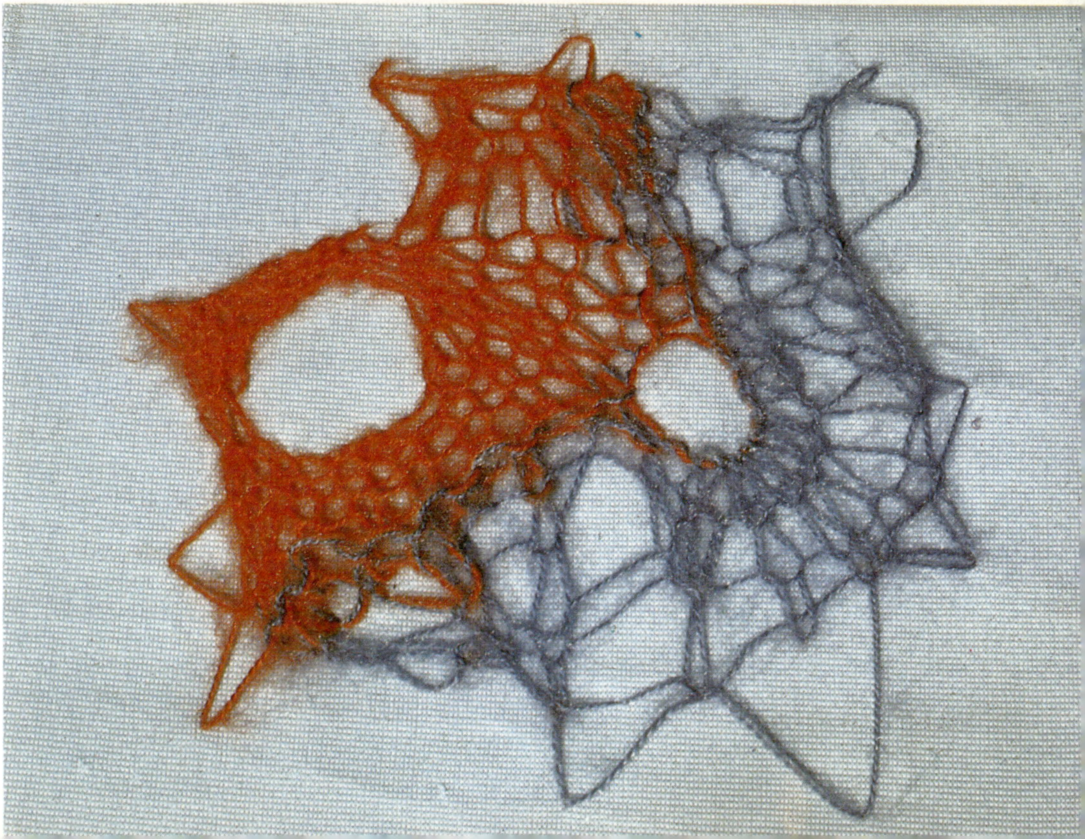

Oben: Wenn auf naturnahe Weise gestrickt wird, verbindet sich Gestrick ausgezeichnet mit natürlichen Materialien.
Links: Großer Stickteppich mit figürlichen, ornamentalen und plastischen Strickpartien.

Abwandlung der Norwegerstrickweise durch Wechseln des Farbfadens für figurale und abstrakte Bildbehänge.

Von Kindern gestrickter Wandteppich für einen Schulraum in Norweger-Strickart.

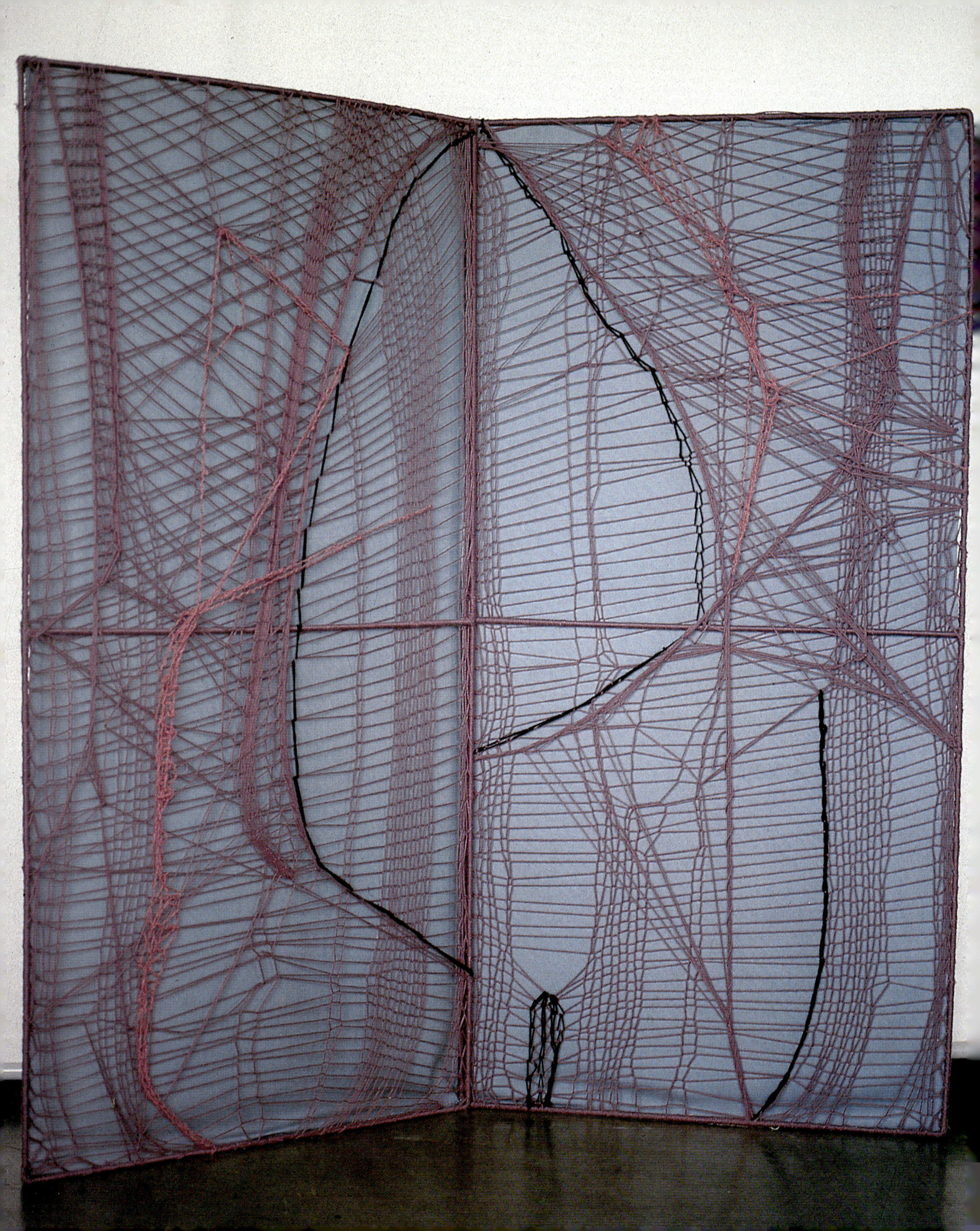

Jedes Land hat in diesen Formen seine eigene Volkskunst entwickelt, die zum Teil sogar regionalen Charakter trägt, so daß sich in jedem Fall die Muster etwa aus Böhmen von denen aus Bayern oder aus Schlesien unterscheiden. Auf gestrickten Mustertüchern sind sie uns aus verschiedenen Ländern überliefert. Sie bilden eine unerschöpfliche Fundgrube für das heutige Musterstricken, selbst wenn sie nur nachgeahmt werden sollten, sie können aber auch eine Fülle an Anregungen für neu entworfene Ornamente bieten. Es gibt inzwischen eine ganze Reihe von Büchern mit alten Volkskunstmustern, die zu Neuschöpfungen anregen können, wie z. B. die Bücher »Bäuerliches Stricken« Band 1 und 2 sowie »Stricken 3« von Lisl Fanderl, erschienen im Rosenheimer Verlagshaus.

Wenn man noch weiter nach den schöpferischen Möglichkeiten des Strickens in der Vergangenheit sucht, kommt man auf Techniken, die zwischen Sprangarbeit, Netzen und Stricken stehen.

Am häufigsten sind diese in einer unglaublichen schöpferischen Fülle in Altamerika anzutreffen. Grabfunde aus Mexiko zeigen trikotartige Strickereiraster aus allerfeinsten Baumwollfäden. Durch das Herablassen von Maschen im rhythmischen Wechsel sind diese Strick- und Sprangarbeiten zu Mustern umgeformt worden, indem mit der Hand das gelockerte Netz erweitert und zum Ornament umgewandelt worden ist. Diese gemusterten hauchzarten Schleier zierten das Haupt peruanischer Damen oder waren Teil ihrer großartig gemusterten und gewebten Garderobe. Es gibt sogar Beispiele, in denen gestrickte Stücke vor ihrer Umarbeitung zu Tüchern mit Flächenmustern gebatikt wurden, so daß sich beim Lockern des Gestricks diese farbige Musterung über die ganze Fläche hinweg zeigt.

Links: Auf diesem Paravent entfaltet sich aufgelöstes Gestrick zu einer eigenartigen Graphik, die in ihrer Bewegung Verbindungen vom linken zum rechten Flügel schafft. Es sind mehrere aufgelöste Gestrickteile übereinandergespannt worden, so daß erikarotes Gestrick graues und schwarzes begleitet bzw. durchdringt.

Elementare Formen des Strickens

Wie das Weben als Fertigungstechnik zu Produkten mit speziellen Eigenschaften führt, so hat auch das Stricken seine ganz spezielle Art. Ein Gestrick fühlt sich grundsätzlich anders an als ein Stück Webarbeit. Diese besondere Qualität dient auch als Maßgabe für seine besondere Verwendbarkeit. So liegt bereits im Charakter des Webens die Grundlage für den Gebrauch gewebter Ware. In der Gesamtheit der Bekleidungsstoffe grenzen sich die beiden Gebiete der Web- und der Strickwaren scharf gegeneinander ab.

Versuchen wir also zunächst den speziellen Charakter des Strickens zu erkennen. Schon die Art der *Fertigung* unterscheidet sich wesentlich von der Art der Fertigung eines Gewebes: Während eine Webarbeit aus geraden, sich überkreuzenden Fäden besteht und durch das System des Ineinandergreifens der Fäden eine Flächenbildung erfährt, werden beim Stricken mit Hilfe von Nadeln Maschen ineinandergehängt, damit sie eine Fläche bilden. Es steht also ein Raster gerader Fäden einem Gebilde aus Schlingen gegenüber. Schon daran erkennt man, daß das erstere im Grundprinzip *glatt und steif* sein muß, während letzteres einen *weichen, schmiegsamen* Charakter haben wird.

Außerdem wird beim Weben stark gedrehtes Material bevorzugt, denn man wünscht eine glatte, geschlossene Fläche. Beim Stricken dagegen bevorzugt man ausgesprochen weiches, anschmiegsames Material wie Wolle, Mohair, Acryl usw., und unterstreicht dadurch noch mehr den anschmiegsamen Charakter des Gestricks. Damit soll nicht gesagt sein, daß ein Gewebe unbedingt steif sein müßte. Es gibt auch solche, die durch besondere Behandlung und Materialeigenschaften weich und fließend sind. Ebenso gibt es Ausnahmen auf dem Gebiet des Strickens, da Strickarbeiten eine gewisse Steifheit aufweisen, wenn z. B. mit Kokos- oder Hanfschnur oder stark gedrehtem Leinenmaterial gestrickt wird.

Bei dieser Überlegung darf man nicht übersehen, daß es auch eine Art *Mischformen* zwischen Webarbeit und Strickerei gibt, in den *netz- oder sprangartigen* Techniken. Diese sind uralt und standen in frühester Zeit gleichwertig neben Weben und Stricken. Die Maschinen unserer Tage können ebenso Stoffe in sprangartiger, netzartiger oder strickartiger Technik erzeugen.

So ist z. B. Trikot ein Strickmaterial aus allerfeinsten Maschen von dünnem Baumwollgarn, das sich wie weichfließender Stoff in Webetechnik anfühlt und auch behandeln läßt. Den weiten Bereich der Unterwäscheproduktion muß man zum Gestrick rechnen, so daß dieser hier wenigstens am Rande erwähnt werden muß.

Eine weitere Form der industriellen Fertigung von Strickwaren hat sich in der Herstellung von Meterware in sehr schön strukturierter, der *Handarbeit angeglichener Strickerei* herausgebildet, die zu Twin-Sets, Badekleidung, Strickpullovern und -röcken verarbeitet wird und sogar als elastischer Polstermöbelbezug Verwendung findet.

Wie vielseitig Gestrick verwendet werden kann, sieht man auf diesem Bild, ebenso wie verschiedenartig sich die Graphik des Gestrikkes zeigt.

Solche Stoffe ähneln so sehr der handgestrickten Ware, daß es oft schwer ist, einen Industriepullover von einem handgearbeiteten zu unterscheiden. Das sicherste Unterscheidungsmerkmal ist die *Naht*, denn Fabrikware ist aus großen Bahnen von gestricktem Stoff *geschnitten* und hat deshalb im Gegensatz zur Handstrickarbeit keine Randmaschen, sondern Schnittstellen, die maschinell zusammengenäht und eingefaßt werden, damit sich keine Masche lösen kann. Bei der Handstrickarbeit, die ja mit Nadeln entstanden ist, sowie bei den Strickarbeiten, die auf Strickmaschinen entstehen, wird das Werkstück exakt in der benötigten Größe gestrickt, wobei die Randmaschen beim Zusammennähen ineinandergearbeitet werden.

Dieser Unterschied spielt eine wesentliche Rolle, da er die Art der Stoffverarbeitung bestimmt. In den Material- und Fertigungseigenschaften liegen auch die Grenzen der Herstellung neuartig geformter Textilien.

Nun wurde aber bereits festgestellt, daß Trikot und Maschinenstrickware den Charakter der Weichheit und des Fließens mit der Handstrickware teilt. Wenn in diesem Buch an verschiedenen Stellen die Verwendung von Trikot oder von industriell gefertigtem Strickereistoff empfohlen wird, so ist dabei stets eine *Verfremdung* oder *Überarbeitung* gezeigt, die von der »reinen Handarbeit« in die Maschinenarbeit hineinreicht. Umgekehrt kann auch der Fall eintreten, daß etwas Handgearbeitetes mit Hilfe der Maschine fertiggestellt wird, wie z. B. das Aufnähen von Strickereielementen auf Grundstoffen oder das Nähen von Puppenbälgen aus Trikot oder gestrickter Meterware. In unserem technischen Zeitalter sind diese Überschneidungen durchaus legitim. Man muß flexibel genug sein, um die Möglichkeiten jeder Technik zu erkennen und diese so einzusetzen, daß man jedem Material gerecht wird. So wird man bei der Kombination von Materialien und Technik mit etwas gutem Geschmack den rechten Weg gehen. Deshalb sind die Möglichkeiten sowohl der Hand- als auch der Maschinenarbeit ständig in den gestalterischen Aspekt mit einbezogen.

Was ist nun die vorrangigste Eigenschaft der Strickarbeit? Zuerst fällt ins Auge, daß Gestrick *weich* ist. Als zweites erkennt man die Eigenschaft der *Elastizität*, der Dehnbarkeit, die Gewebtes nicht hat. Daraus ergibt sich als Folge, daß alles, was aus dem Strickbereich kommt, zur *plastischen Umarbeitung* geradezu prädestiniert ist, und daß es dieser Dehnbarkeit wegen viel leichter ist, Kleidungsstücke, Möbelbezüge und dergleichen aus Gestrick oder gestrickartigen Materialien herzustellen als aus gewebtem Stoff, denn die Dehnbarkeit und Schmiegsamkeit von Strickware garantiert einen tadellosen Sitz oder eine gut anliegende Paßform. Das ist auch der Grund dafür, daß heute die Herstellung von Strickwaren aller Art eine so wesentliche Rolle spielt.

Glattgestricktes rollt sich vom Rand her ein, was für manche Verarbeitungstechniken ein Hindernis, für andere wieder ein Vorteil ist. Welche Mühe das z. B. beim Zusammennähen von glattgestrickten Partien eines Pullovers machen kann, ist bekannt. Dieser unliebsamen Eigenschaft kann man entgegenwirken, indem man am Rand eines glattgestrickten Stückes eine schmale Partie im Wechsel von rechts- und linksgestrickten Reihen anfügt. In vielen Fällen kann ein solcher Rand freilich unschön oder sogar hinderlich wirken. In anderen Fällen wird er eine gute Arbeit vorteilhaft einrahmen.

Grundregeln der Gestaltungslehre

Über die Jahrhunderte hinweg haben sich in allen Kulturen Regeln der Gestaltung herausgebildet, die von Generation zu Generation weitergegeben worden sind. Sie gehören zum Grundkanon des künstlerischen Schaffens der verschiedenen Stämme und Völker und sind für uns wegen ihrer Vielseitigkeit hochinteressant. Der moderne Mensch ist ja geradezu übersättigt durch den Perfektionismus industrieller Produktionsformen und empfindet ihn eher als Leere. Er sehnt sich dagegen zurück zur Kraft und dem Reichtum gemüthaften Schaffens, die noch in der Volkskunst zu Hause sind.

Auch in dieser gibt es aber Regeln des Schaffens, die trotz regionaler Unterschiede in großen Zügen übereinstimmen. Sie lassen sich auch auf das Stricken anwenden. Bei den meisten Gegenständen geht es um Schnitte, die dem menschlichen Körper angepaßt sind, und zwar so, daß jeder Stamm seinen eigenen Charakter, auch in seinen Strickereien verwirklicht. Merkwürdig, wie selbstverständlich Muster und Schnitte dem Gesichts- und Körpertyp angepaßt sind, wie dieser aber auch in den Farben und in den verschiedenen strickerischen Strukturen zum Ausdruck kommt. Die enge Zusammengehörigkeit von Schnitt, Farbe, Musterung und Struktur zeigt sich überzeugend in den Strickereien aus aller Welt.

Es ist erfreulich, daß zur Zeit auf dem Gebiet des Strickens von Bekleidungsgegenständen ein großer Fortschritt in künstlerischer Sicht erzielt worden ist, denn Jahr für Jahr ist ein Zunehmen schön gestalteter und gefärbter Strickwaren festzustellen. Nicht nur die Fabriken bemühen sich, bessere Strickwaren auf den Markt zu bringen, auch auf dem Gebiet der Handarbeit ist auffallend, wie viele originelle Ideen auftauchen, und wie immer wieder neue Variationen bewährter Themen entwickelt werden. Der Phantasie sind also keine Grenzen gesetzt.

Auffallend ist auch, daß sich ein starker Trend zur Natur hin ausgebildet hat. *Naturmaterialien* sind sehr gefragt und werden auch beim Stricken immer mehr verwendet. Während man früher Pullover hauptsächlich aus Wolle gestrickt hat, erscheinen diese und andere Strickkleidung nun mehr auch in Seide, Baumwolle und Leder. Auch *handgesponnene* und *handgefärbte* Wolle wird zunehmend verwendet. Das steigert die Kostbarkeit und ästhetische Gestalt handgearbeiteter Strickwaren. Naturmaterialien haben nicht nur einen unnachahmlich schönen Glanz, sondern auch eine Oberflächenstruktur, die dem Auge wohltut. Sie nehmen außerdem die *Farben* in einer Weise an, die sofort den Wert des Grundmaterials erkennen läßt. Gefärbte Seide ist nun einmal schöner als gefärbte Kunstseide und gefärbte Naturwolle schöner als gefärbte Acryl- und Polyestermaterialien. Besonders schön ist es, wenn Naturmaterialien in der Eigenfarbe verstrickt werden, wie zum Beispiel Wolle von verschiedenfarbigen Schafen, wie man sie vom nahezu reinen Weiß bis zum Grau, Beige und dunklem Braun bekommen kann.

Immer wieder macht es Freude, zu sehen, wie diese textilen Werkstoffe pflanzlicher oder tierischer Herkunft sich in besonders satten und harmonisch aufeinander abgestimmten Tönen färben lassen, und wie sich diese dann beim Stricken zu einer idealen Einheit verbinden. Reine Naturtöne dazwischenzustellen, ist dabei immer von Vorteil. Viele Menschen haben von Natur aus ein sicheres Gefühl für die Sprache der Farben und Formen, sowohl im eigenen Schaffen als auch in der Anerkennung und Beurteilung fremder Anfertigungen. Viele Menschen dagegen haben zwar diese Begabung, sie ist ihnen aber durch falsche Lenkung ihres Geschmacks zerstört oder verschüttet worden. Vielfach ist auch der massenweise auftretende Kitsch in unserer Zeit schuld daran, daß oftmals kein unmittelbares Verhältnis zur Schönheit naturgegebener Farb- und Formenklänge mehr vorhanden ist. Diesen Menschen sei zum Trost gesagt, daß für jeden auf dem Gebiet künstlerischen Gestaltens Wege offenstehen, die ihn zur Welt des Schönen führen können. Eine Grundregel ist das ständige Vergleichen verschiedener Gegenstände, um die rechte Beziehung zu finden und sich bewußt zu machen, worin eigentlich ihr besonderer Charakter liegt. So kann man auf die Gesetze der Ästhetik kommen. Ist man durch das ständige Vergleichen für solche Besonderheiten sensibel geworden, so genügen einige Faustregeln, durch die man sich beim Gestalten mit verschiedenen Materialien immer besser zurechtfindet. Zu diesen Regeln gehört es, *mit dem Einfachen zu beginnen und erst allmählich zum Komplizierten fortzuschreiten.* Das bedeutet für das Gebiet des Strickens, daß man nicht gewagte und komplizierte Gegenstände schon am Anfang anstreben und mit Farben und Strukturen bescheiden umgehen soll (ohne zu viel Effekte auf einmal anwenden zu wollen). Man soll sich vor allem auf die eigene Kraft des Erfindens und Durchführens verlassen, nicht auf das, was man aus der technisierten Welt als sogenanntes Vorbild in Vorlagen vorgesetzt bekommt. Eigentlich sollte man so fest in sich stehen, daß man es als eine Erniedrigung empfindet, wenn man etwas kopiert, so als ob man nicht selber in der Lage wäre, etwas zu kreieren, das schön ist, und das dem eigenen Charakter entspricht.

Eigentlich bedarf es nur einiger *Grundregeln*, um den Weg durch Gestaltungsprozesse hindurch zu finden. Diese sind

1. *die Frage nach dem Material.* Was gibt das Material her? Wie läßt es sich am schönsten verarbeiten? Gegen welche Manipulationen sträubt es sich? Wie lassen sich verschiedene Materialien miteinander verbinden?

2. *die Frage nach der Struktur.* Welche Strukturen fördern die Schönheit eines Materials, ohne es zu verfälschen? In welchen strukturellen Zusammenhängen zeigt sich das Material am vorteilhaftesten bei seiner strickerischen Verwertung zu verschiedenen Gegenständen? Wie geht die Struktur auf den Zweck eines Kleidungsstückes oder eines Raumgegenstandes, wie Paravent, Lampe, gestrickter Bodenbelag usw., ein?

3. *die Frage nach der Farbe.* Für sie besitzen wir eigentlich die meisten Regeln, so als ob sie das Wichtigste wäre. Daher kommt es, daß oft die Farbe so völlig aus dem Zusammenhang gerissen und nicht im Kontext mit dem Schnitt und den strukturellen Wirkungen des jeweiligen Materials gesehen wird.

Für die Wahl der Farben gilt als Grundregel: Nicht zu viel und bestens aufeinander abgestimmt. Gerade Anfänger verirren sich oft in ein Farbchaos, wenn sie sich nicht genug tun können im Verwenden verschiedener farbiger Materialien. Aber gerade die Farben sind im künstlerischen Bereich etwas Hochempfindliches. Sie haben Anziehungs- und Abstoßungskraft, gehen Farbfamilien ein, ergänzen sich sogar gegenseitig, können sich aber auch befeinden und zerstören. Nichts ist so gräßlich für das Auge als Disharmonien auf farbigem Gebiet. Auf strukturellem Gebiet sind diese viel zurückhaltender und fallen deswegen nicht so schnell ins Gewicht.

Nun fragt man, ob hier etwas zu lernen ist, oder ob man sich nur auf den subjektiven Farbgeschmack verlassen kann. Der angeborene Farbsinn ist natürlich die Grundlage allen Farbverständnisses und kann auf dem Gebiet künstlerischen Gestaltens soviel bewirken wie z. B. das absolute Gehör auf dem Gebiet der Musik. Aber wie dieses noch nicht die Grundlage für gute musikalische Kompositionen ist, so gehört zu einem guten angeborenen Farbempfinden noch reiche Phantasie, die sich nicht nur auf die Farben, sondern auch auf Strukturen und Kompositionsgesetze bezieht.

Man lernt am besten durch *schrittweises Erarbeiten* dieser schöpferischen Möglichkeiten, durch Selbstkontrolle, die aber nicht zu ängstlich sein darf, und durch ständiges Vergleichen der eigenen Werke mit wertvollen Schöpfungen tüchtiger Künstler oder mit der Volkskunst verschiedener Zeiten. Beim Stricken kann man ja nur bedingt von hoher Kunst reden, obwohl auch von dieser Technik aus Wege in die hohe Kunst hineinführen, wie später noch zu zeigen sein wird.

Weitere Grundregeln, die bei Gestaltungsprozessen zu beachten sind, ergeben sich aus

4. *der Frage nach der Komposition*, d. h. dem Zusammenklang von verschiedenen Komponenten des künstlerischen Schaffens, wie Farbe, Struktur, Plastizität usw.

Alle Komponenten, die in einer Komposition verwendet werden, müssen nach den Grundregeln modernen Gestaltens, die sich aus der *Kontrastlehre* ergeben, unter *Berücksichtigung von Größenordnungen und Abständen* gesehen werden. Sie sind, wie der Takt in der Musik, das rhythmisierende Element beim Gestalten und spielen auch bei höheren Formen des Strickens eine wichtige Rolle. Eigentlich beginnen sie schon bei einfachen Strickgegenständen, wie bei einem Kinderhäubchen oder einem Pullover.

Die primitivste Form der Komposition ist die symmetrische Gestaltung. Fast alle Kleidungsstücke sind nach diesem Prinzip gearbeitet. Auch ihr Schmuck besteht zum größten Teil in seitengleichem Aufsetzen der Ornamentpartien, eine Grundregel, die in der Praxis nur selten durchbrochen wird. Ausnahmen gibt es am häufigsten in der modernen Kunst. Sie sind ein typisches Kind des 20. Jh. als Ergebnis des Kubismus, der im Bauhaus heftig aufgegriffen worden ist. So können heute Pullover in Struktur und Farbe völlig asymmetrisch ausgeführt werden, was sie interessant macht. Nur liegt darin eine große Gefahr: Wenn man diese Art des Gestaltens nicht beherrscht, ist das Risiko der Entgleisung viel größer als auf den traditionellen Wegen.

Häufiger als die totale Asymmetrie ist eine lockere, von Empfindung gesteuerte, in sich ausgewogene Asymmetrie, bei der zwar keine direkte Seitengleichheit herrscht, aber immerhin ein Gewichtsausgleich zwischen rechts und links.

Ein weiteres Gesetz ist die *Zentrierung des*

Schwerpunkts in der Mitte oder die *Dezentrierung* am Rande. Auch das sind alte, wohlbewährte Gestaltungsregeln, die bei Strickgegenständen, auch bei den modernen, durchaus beachtet werden können. Paravents können z. B. nach diesen Gesichtspunkten gestaltet werden.

Die gleichmäßige Wiederholung von Mustern über die gesamte Fläche im *Rapport* kommt in selteneren Fällen vor, etwa bei gleichmäßig ornamentierten Kleidungsstükken, wie Röcken, Jacken und Schultertüchern. Da diese Gesetze schon genügend bekannt sind und nur eine bestimmte Gruppe des Strickens betreffen, brauchen sie hier nicht weiter erwähnt zu werden.

Viel öfters trifft man gerade in unserer Zeit auf die »optisch ausgeglichene Asymmetrie«, weil sie unserem menschlichen Empfinden sehr entgegenkommt, und weil sie sich ganz besonders mit den Spielregeln modernen Gestaltens verträgt. Die heutige Mode durchbricht gern und häufig die starre Symmetrie, und sie hat recht damit. Dagegen dominierte in früheren Zeiten bei allen Modeprodukten die totale Seitengleichheit in einer streng durchgeführten Symmetrie der Schnitte und der Musterungen.

Gerade die ausgefalleneren Erzeugnisse der Strickkunst wie Paravents, Gehänge und moderne Bildteppiche bevorzugen eine gewisse rhythmische Freizügigkeit, der aber nicht das kompositorische Rückgrat fehlen darf. In dieser Art läßt sich noch viel Schönes im gestaltenden Stricken fertigen. Sie ist der gängigste Weg in die Zukunft.

Beim Komponieren sollen möglichst folgende Fehler umgangen werden:

1. Ein Zuviel an Form-, Struktur- und Farbelementen, die ineinander überschreiten oder sich gar in ihrer Wirkung aufheben.
2. Langweilige Größenordnungen oder solche, die zu extrem sind und dadurch ihre eigene Wirkung mindern, da sie eine gute Komposition zerreißen.
3. Sprengende Rhythmen, die zu stark vorprellen und die Komposition aus dem Gleichgewicht bringen, wie scharfe Spitzen, die auf Kanten zulaufen, ränderüberkreuzende Bewegung usw.

Man darf aber nicht zu ängstlich beim Komponieren sein, denn es ist ja nicht alles berechenbar. Vieles muß man dem *Zufall* überlassen, der oft die besten Ideen bringt. Ein guter Stricker muß improvisieren können und jede im Material liegende Anregung sofort aufgreifen. Sogar ein Fehler, den er gemacht hat, könnte zu einer Mutation der Komposition führen, die sehr interessant ist. Es gehört nur Feingefühl und starke schöpferische Gestaltungsfähigkeit dazu. Improvisieren muß man können, damit der Zufall in die richtige Bahn gesteuert wird.

So ganz von ungefähr kommt diese Fähigkeit nicht. Die Sicherheit im strickerischen Erfinden resultiert aus unablässiger Übung, wobei nicht nur der Verstand, sondern auch das Gefühl wach sein muß. Diese Übung macht aus einem Dilettanten einen Könner, der sich in allen Dingen der künstlerischen Gestaltung auskennt und sie sofort in vielerlei Variationen auf das Gebiet des Strickens anwenden kann.

Urteilsfähigkeit ist nicht schon jedem zuzugestehen, der sich nur oberflächlich mit dem Stricken beschäftigt, der vielleicht nur technische Fähigkeiten auf diesem Gebiet hat. Aber jeder, der aus eigenem Ringen zur inneren Sicherheit des Gestaltens gekommen ist, wird aus der Reife seiner persönlichen Entwicklung heraus zu einem sicheren Urteil finden können.

Beziehung zwischen Technik und Gestaltung

In diesem Buch soll das Stricken nicht nur von seinem technischen Aspekt her betrachtet werden, sondern mehr von seinem werkhaften und künstlerischen. Es ist ohnehin eine uralte Technik, die fast bei allen Völkern erscheint. Kleine Variationen in der Art des Abhängens von Maschen, des Aufschlagens, des Auf- und Abnehmens, sind von Volk zu Volk, von Stamm zu Stamm gebräuchlich. So hat zum Beispiel eine Koreanerin an unserem Institut den Faden mit Daumen und Zeigefinger über die Spitze der Nadel gelegt, statt ihn in der Luft aufzufangen, wie es bei uns Europäern üblich ist. Es ging aber fast so schnell wie bei uns.

Größere Unterschiede bestehen in der Herstellungsweise von Kleidungsstücken, denn da spielen die jeweils überlieferten Schnitte eine Rolle. Darauf wird in einem späteren Kapitel stärker eingegangen werden, denn gerade auf diesem Gebiet ist heute auch in Europa noch manches zu lernen. Wir können noch viele Anregungen für moderne Strickwaren aus anderen Ländern übernehmen, etwa wie ein Poncho in besonders guter Form gestrickt wird, wie eine Kasel oder ein Kasack in bestsitzender Form geschnitten sein muß. Diese guten Grundschnitte ergeben natürlich auch einen besonders vorteilhaften Sitz.

Beim Stricken kann man weitgehend auf die Maschine verzichten, obwohl auch ganz am Rande in diesem Buch Maschinentechniken genannt sind und maschinengestrickte Ware zur künstlerischen Umarbeitung herangezogen wurde. In der Hauptsache ist beim Stricken *die schaffende Hand* tätig, so daß gerade sein werkhafter Charakter betont werden muß. Deshalb ist das Stricken dem Menschen auch so vertraut und nah, als ob diese Urtechnik seiner Natur besonders entsprechen würde. Sogar die Männer finden viel Freude an dieser Tätigkeit, wenn sie einmal damit begonnen haben, und sie können sich auf diesem Gebiet sogar als besonders schöpferisch erweisen. Die Werkbegabung ist auch in allen Lebensaltern gleichermaßen im menschlichen Wesen angelegt. Deshalb hat das Werken eine so wohltuende und ausgleichende Wirkung auf groß und klein, daß es vielfach für therapeutische Zwecke eingesetzt wird.

Das Maschinendenken hingegen zerstört in Verbindung mit dem Materialismus die Schöpferkraft des Menschen und schädigt ihn bis in das Innerste seines Wesens. So muß der moderne Mensch wieder zu den Wurzeln seines Menschseins zurückfinden, um sich in schöpferischem Tun selbst zu verwirklichen.

Wie schon erwähnt, gehört das Stricken zu den *Urtechniken*. So sind oft Kinder und Jugendliche näher an der Quelle des schöpferischen Strickens als Erwachsene. Man könnte diesen sogar auf die Finger sehen, nicht etwa um gewisse technische Unvollkommenheiten zu bemängeln, sondern um bei ihnen vieles sehen zu können, was aus einer gewissen schöpferischen Freiheit kommt und auf neue Wege leiten kann.

Ich bin als Pädagogin fest davon überzeugt, daß man gute Wege schöpferischen Gestaltens, auch auf dem Gebiet des Strickens, aus einer *Werklehre* entwickeln muß, die sich an die uralten Gepflogenheiten menschlichen Werkens anschließt, und die auch danach fragt, was von all diesen Möglichkeiten in der Psyche und in der taktilen Veranlagung unserer Kinder und Jugendlichen gespeichert ist. Auch im schulischen Bezug muß man deshalb unseren jungen Menschen in ihrer *schöpferischen Freiheit mit einer weitgespannten Pädagogik* entgegenkommen, statt ihnen in Dressurakten die Perfektion der Maschinenfertigung aufzuzwingen.

Die *Gesetzmäßigkeiten*, die in einer Technik liegen, werden dabei nicht umgangen, sondern im Zuge des eigenen Schaffens entdeckt, was am wertvollsten ist. Ein einfühlender Pädagoge folgt dem Wege der Natur. Er geht nicht gegen sie an und spürt auf diese Weise, wie sich die geistigen, die taktilen und die künstlerischen Gesetzmäßigkeiten gestalthaften Arbeitens von selbst entwikkeln und sich bei guter Lehre festigen.

Die *Entwicklungsphasen* sollen also nicht nur hinsichtlich einer auf die verschiedenen Lebensalter abgestimmten technischen Unterweisung im Stricken beachtet werden, vielmehr müssen auch die wachsende Gestaltungskraft und der zunehmende Formungswille von jungen Menschen in Rechnung gestellt werden.

Ein gewisses Maß an technischer Einübung von Bewegungen ist beim Stricken natürlich nicht auszuschließen. Wenn auch die Mechanisierung der verschiedenen Arbeitsgänge eine große Zeitersparnis bewirkt, so ist sie mindestens auf dem schulischen und allgemein erzieherischen Bereich nicht dem Gestalten vorzuziehen. Sie bringt zwar einen Fortschritt in der Perfektion solcher Fertigungstechniken, aber legt diese andererseits brach und manövriert den Menschen in eine passive unschöpferische Haltung, auf die er schließlich festgelegt wird. Das ist eine große Gefahr, die man in der heutigen Pädagogik leider zu wenig bedenkt.

Ein Grundsatz schöpferischen Gestaltens ist, nicht alles auf einmal in Angriff zu nehmen, sondern sich Schritt für Schritt von einer Möglichkeit zur anderen vorzutasten, um die gestalterischen Fähigkeiten immer genauer und immer gründlicher zu entdekken und so zu sich selbst zu finden.

Die Werkkraft ist ein Grundbestandteil der menschlichen Natur, die in jedem Kinde bereitliegt und zur Entfaltung drängt. Welche Möglichkeiten darin liegen, erfährt man am besten, wenn man zum Ursprung zurückgeht, wenn man beim Kinde anfängt.

Das Können darf aber nicht nach einem strengen Reglement vermittelt werden, sondern soll wie das Spiel von inneren Impulsen gesteuert sein, damit ihm die Lust und Schöpferfreude echten Werkens erhalten bleibt. Der Weg, den die Phantasie geht, ist ebenso eine Selbstbestätigung des schaffenden Menschen, wie das gelungene Stück, das Ausdruck seiner persönlichen Eigenart ist. So wird jeder Mensch ganz selbständig, auch auf dem Gebiet des Strickens, zu individuellen Lösungen finden.

Dieses Buch soll die Wege nicht bis ins letzte Detail weisen, sondern soll sie zu neuen Zielen hin offen lassen. Alles, was darin gezeigt wird, ist nicht als minuziöse Arbeitsanleitung, sondern als Anregung zu verstehen, die Freude zum Selbermachen wecken soll.

Die Werkfernheit unserer Industriegesellschaft zeigt eine tiefgehende Desorientierung der Menschheit, die in größter Perfektion Gefertigtes vorgesetzt bekommt und somit aus dem eigentlichen *Werdeprozeß* ausgeschaltet wird. Das mag wirtschaftlich unvermeidbar sein, weil nur die industrielle Fertigung eine vollständige und preiswerte Versorgung mit Gütern ermöglicht. Aber der Mensch ist keine Maschine und leidet durch Fließbandarbeit seelischen Schaden. Zumindest bedarf er des Ausgleichs in Gestalt einer Freizeitbeschäftigung, die seinen schöpferischen Fähigkeiten Raum gibt. Beim Stricken geht es um eben diese persönliche Beziehung zum Arbeitsvorgang und zum daraus entstehenden Gegenstand. Gerade das Stricken als eine vielgeübte Freizeitbeschäftigung ist daher bestens geeignet, dem Menschen inmitten einer industrialisierten Gesellschaft Raum zu geben für selbständiges Gestalten und damit zur Bewahrung seiner Persönlichkeit beizutragen.

Manipulationen modernen Strickens

Stricken von Farbmustern

Die Norweger-Strickart hat sich im heutigen Kunstgewerbe in vielen Versionen durchgesetzt. So ist es notwendig, dieser gleichsam als Gegenstück freies, strickerisches Gestalten in verschiedenen Farben gegenüberzustellen.

Das Prinzip des Norwegerstrickens besteht darin, neben dem Farbfaden einen zweiten in kontrastierender Farbe laufen zu lassen.

Dem Muster entsprechend wird nun der Grundfaden oder der Musterfaden abgestrickt, während der andere immer auf der Rückseite des Gestrickes bleibt. So überkreuzen sich ständig zwei Lagen, die Strickmaschen auf der Vorderseite und die freiliegenden Farbfäden auf der Rückseite des Gestrickes. Das macht solche Pullover, Handschuhe oder Mützen besonders dick und zugleich warm – um von der Schönheit aufs Praktische zu kommen.

Ein freies Strickmuster dagegen steht und fällt mit seiner künstlerischen Gestalt. Im Entwurf muß bereits jede Form vorgezeichnet sein. Wie beim Kreuzstichmuster benützt man dabei Millimeterpapier, in dessen quadratische Rasterung Muster eingezeichnet werden können. Dieses Verfahren läßt eine genaue Berechnung des Ornaments zu. Die Übertragung ist natürlich nicht bei jedem Material gleich. Dickes Material ergibt beim Stricken eine größere Breite als dünnes. Man muß vor dem Stricken aus dem zu verwendenden Material eine Maschenprobe anfertigen, damit man das Muster dem Gesamtschnitt einfügen kann. Im Gegenteil sollte man sogar aus einer handgestrickten Materialprobe das Muster auf dem Millimeterpapier entwickeln.

Das wichtigste ist also die Koordination von Muster und Schnitt in Farbe und Form. Alte, bewährte Grundschnitte für Kleidungsstücke können dabei verwendet werden. Es ist zu überlegen, ob man diese Ornamente in freiem strickerischem Gestalten an den Rändern eines Kleidungsstückes entlanglaufen läßt, oder ob sie Taschen, Platten oder Partien der Vorderseite schmücken sollen, wie bei dem abgebildeten Pullover. Was diesen besonders interessant macht, ist das Ineinandergreifen der beiden Grundfarben: Aprikot

und Stahlblau. In großangelegten Mustern überkreuzen sie sich, so daß die helle Farbe auf seinem oberen Teil dominiert, die dunkle Farbe dagegen an seinem unteren Teil und an den Ärmelstulpen. Diese Form ist besonders kleidsam. Sie läßt viele Variationen zu. Durch diese Art, die Farben anzuordnen, erscheint die Taille schlank.

Der zweite hier abgebildete Pullover trägt ebenfalls ein Muster in freiem strickerischem Gestalten. Es wächst wie drei Kuppeln indischer Pagoden aus dem unteren Rand bis zur Brustlinie nach oben. Sehr schön ist in diesem Zackenornament der rhythmische Wechsel von hellen und dunklen Stellen. Häufiger sieht man Pullover, bei denen die Musterungen radförmig aus der Halspartie herauswachsen. Hier ist es gerade umgekehrt. Die aufstrebenden dunklen Formen in der Taillengegend bewirken, daß dieses Kleidungsstück einen ausgesprochen schlanken Eindruck erweckt.

Ein Weg zum Kunststricken

Auch das Kunststricken sollte auf schöpferische Art entdeckt werden. Das ist am besten möglich, wenn man mit verschiedenen Manipulationen des Strickens spielt und die Ergebnisse kritisch betrachtet. Sicher ist das Kunststricken auch auf diese Weise entstanden.

Durch das Wiederholen von »Fehlern« ergeben sich kleine Muster. Sollten sich solche Muster in regelmäßigem Rapport wiederho-

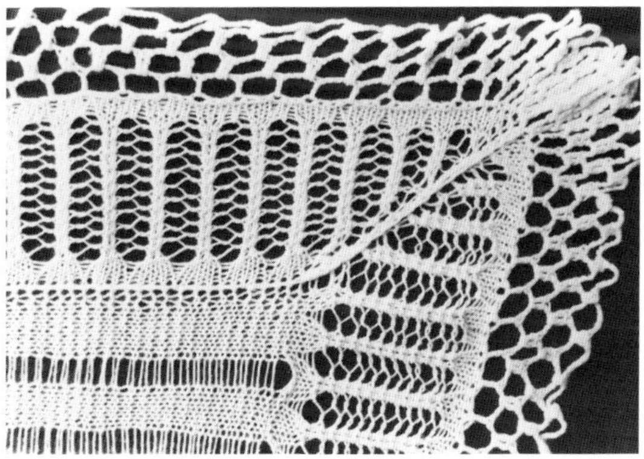

Ecke einer Strickdecke aus dem vorigen Jahrhundert. Als Schmuck von Decken wurden schon zu Großmutters Zeiten Kunststrickmuster verwendet. Freilich ist es hauptsächlich den zwanziger und dreißiger Jahren vorbehalten gewesen, dem Kunststricken neuen Aufschwung zu verleihen. In der Zeit entstanden viele kleine und große Schmuckdecken, die Sofas und Kommoden zieren sollten, aber auch große Tischdecken. Am beliebtesten waren radförmige, mit Pfauenmustern ausgestattete Decken für runde Tische.

len, so entstehen Musterstreifen. Die Idee, diese Muster zu zentrieren, führt schließlich zu größeren Strickgebilden, wie wir sie in einfachen Strickdecken aus dem vorigen Jahrhundert haben. Ganz große Werke in Kunststrickerei gab es schon damals in Form massiver Bettdecken aus Baumwollgarn. Besonders in Frankreich hat diese Volkskunst weite Verbreitung gefunden. Dort kann man herrliche Strickdecken aus dem vorigen Jahrhundert antreffen.
Aus Nomadenländern sind heute noch Volkskunstdecken in dieser Strickform aus schwerer handgesponnener Wolle zu bekommen. Auch diese können Anregungen für plastische Strickgebilde sein, denn sie sind

Stola aus Gestrick in Streifenmustern. In der Technik des Kunststrickens wechseln bei dieser Stola breite weiße mit schmalen grauen und dunkelroten Streifen im Zick-Zack-Muster ab. Die große Breite und Länge dieser Stola machen sie zu einem beliebten winterlichen Kleidungsstück.

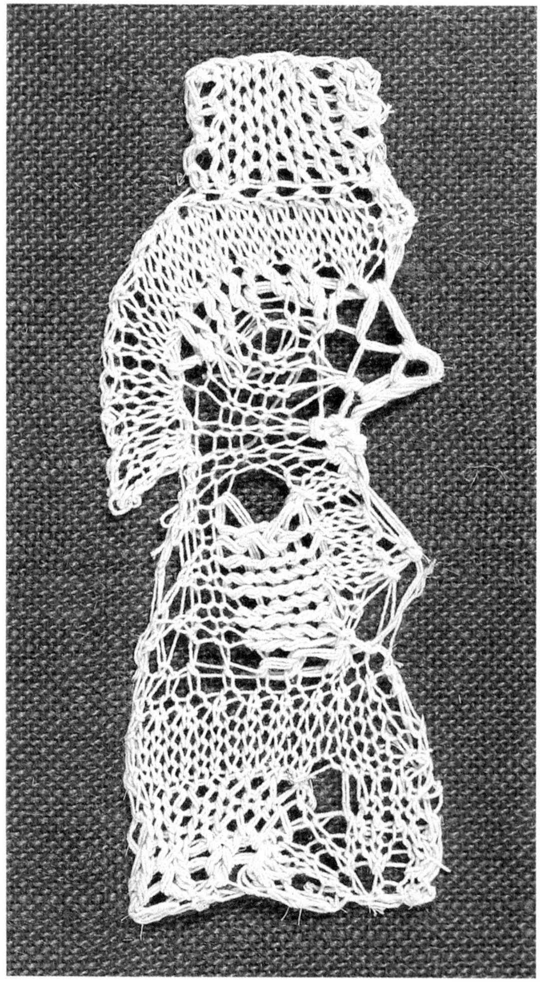

überzogen mit Strukturen, die im gleichmäßigen Wechsel große Muster bilden. Während sich bei den Decken aus Frankreich durchbrochene und überhöhte Partien abwechseln, so wie es auch bei der heutigen Kunststrickerei üblich ist, kommen diese handgestrickten Nomadendecken nur mit plastischen Effekten aus.
Um zum Anfang zurückzukehren: Fast jeder, der in diesem Buch liest, wird schon Erfahrung im Stricken etwa eines Hand-

schuhs oder eines Sockens haben. Er kennt das Ab- und Aufnehmen von Maschen, die Spalt- und Lückenbildung (Daumen), die Erarbeitung von Zwickeln (Ferse). Wendet er nun diese Fertigkeiten ohne praktische Zielrichtung rein spielerisch an, so entsteht etwas, das durchbrochen, überhöht, gekräuselt, gefächert, mit Löchern versehen und an manchen Stellen abgerundet oder ausgezackt ist. Man muß einfach den Mut haben, experimentell innerhalb eines Stricklappens alles auszuprobieren, was einem gerade einfällt. Auf diese Weise ist diese kleine Frauengestalt entstanden. Von hier aus ist der Weg zum Kunststricken nicht weit, aber auch der Weg zum Erfinden *eigener* Kunststrickmuster, was noch das Bessere ist. Wer schließlich die verschiedenen Möglichkeiten des Strickens gut beherrscht, kann sie auch gezielt einsetzen und weiß, wie verschiedene Musterungen zueinander passen und in Koordination kleine und große Flächenfüllungen ergeben.

Das Kunststricken sollte für uns wieder als schöpferische Technik lebendig werden. Es darf dabei aber nicht nur nach Vorlagen geübt werden, weil die Phantasie der Stricker und Strickerinnen beweglich bleiben muß.

Aus dem genannten Versuch können ganz neuartige figürliche und abstrakte Kunststrickmuster entstehen. Die Mühe des Entwerfens lohnt sich später, denn wenn man einmal den Weg zur selbständigen Gestaltung gefunden hat, ist man unabhängig von Vorlagen. Dieser Weg wird für viele schöpferisch begabte Menschen ein Ausweg aus der Stagnation sein, in die leider heute das Kunststricken hineingeraten ist.

Wechsel der Materialien

Es wird oft zu wenig beachtet, daß jedes Material seine eigene Ausdrucksweise hat. Nicht nur die Farben wirken aufeinander, auch die Strukturen der Materialien können sich ergänzen und in ihrer Wirkung steigern. Aber sie können sich auch gegenseitig beeinträchtigen und ihre Wirkkraft mindern.
So ist nicht nur auf die Harmonie der Farben zu achten, sondern auch auf die der Strukturen.
Schließlich müssen Farben und Strukturen in einer großen Einheit innerhalb der Kompositionsabsicht gesehen werden.
Der Wechsel der Materialien bei der Durchführung einer gestaltenden Strickerei muß unbedingt unter dem Aspekt der Spielregeln der Gestaltungslehre gesehen werden, wenn nicht das persönliche Gefühl für solche Wertigkeiten voll entwickelt ist. (Subjektives Farb- und Formempfinden.)
Die strickerischen Möglichkeiten, die im Material liegen, sollen an einem einzigen Beispiel, dem Naturleinen, demonstriert werden.
Wird Leinen als dünner Faden verstrickt und durch Herablassen von Maschen in seinem Gefüge gelockert, so entstehen dünne, netzartige Gebilde, die wie Schleier aufgenäht werden können, also die höchstmögliche Transparenz besitzen (Bild links).
Nimmt man nun das gleiche Material in dikkeren Lagen und verstrickt es im Wechsel mit dem einzelnen Fädchen, so entsteht ein spannungsreiches Gebilde, das im Kontrast

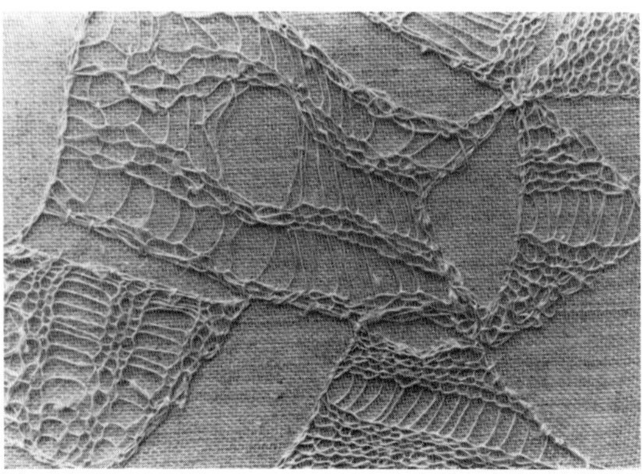

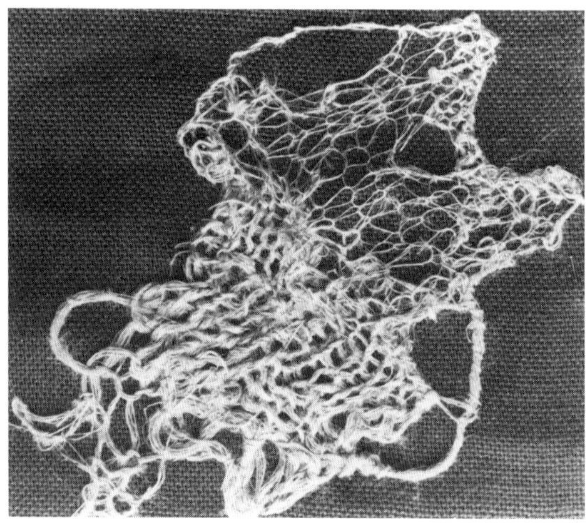

zwischen zart und massiv gestalterische Möglichkeiten, die ins Plastische gehen, aufweist. Die moderne Kontrastlehre könnte gerade mit diesem Beispiel sehr viel anfangen (Bild oben).
Wird Leinen als dicker Faden verstrickt, so

gewinnt man massive Gebilde, die in sich Stand und Festigkeit haben. Auf diese Weise können kleine freistehende Plastiken gestrickt werden. Diese Idee kann weiter verfolgt werden, indem man mit noch dickerem Material Strickereien herstellt, die dann entweder mit Leim gesteift oder mit Draht gestützt werden (Bild unten).

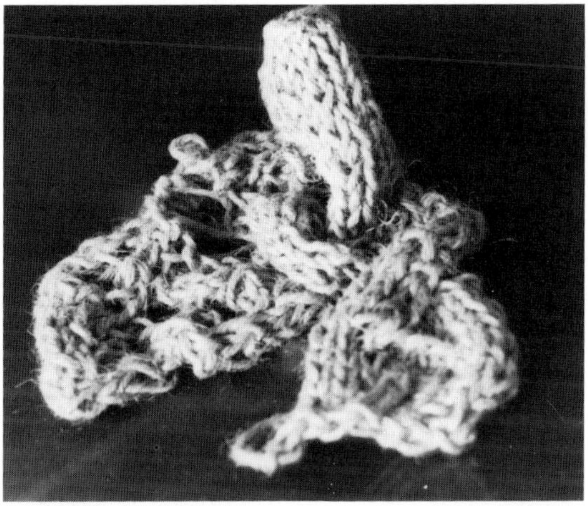

Glatte, dicke Leinenschnur ist zu Bändern verstrickt worden, die durch Auf- und Abnehmen Zick-Zack-Charakter bekommen haben. Diese zeigen eine Stabilität, die man sonst bei Gestrick nicht erlangt.

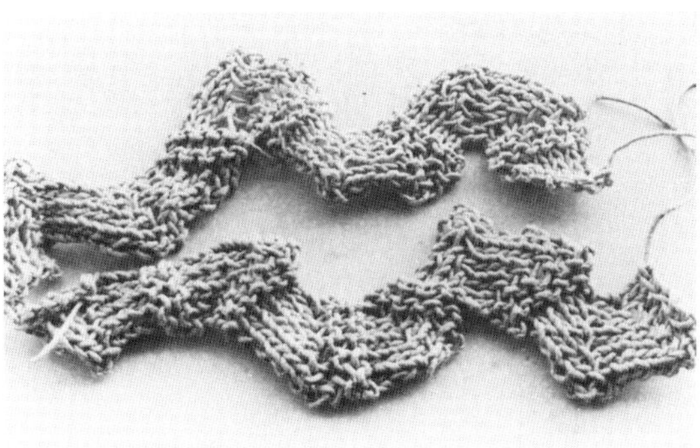

Im gleichen Material wurde ein kleines Muster (Bild unten) mit rechten Maschen gestrickt. Der Rolleffekt wird deutlich, indem sich die Vorderseite konkav, die Rückseite konvex gibt.

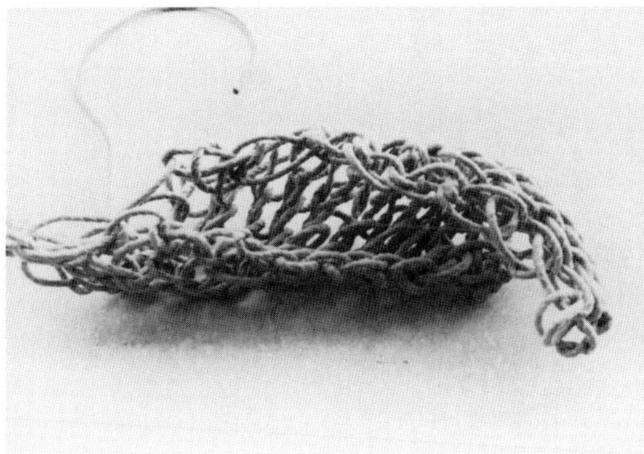

Bei dem vorher beschriebenen Zick-Zack-Band ist immer an den Kehrtwendungen durch den Wechsel der Maschen eine *Strekkung* zu sehen, ein Effekt, der auch bei Randtouren in linken und rechten Maschen erzielt wird (Bild links unten).
Dadurch wird der Rolleffekt ausgeglichen.

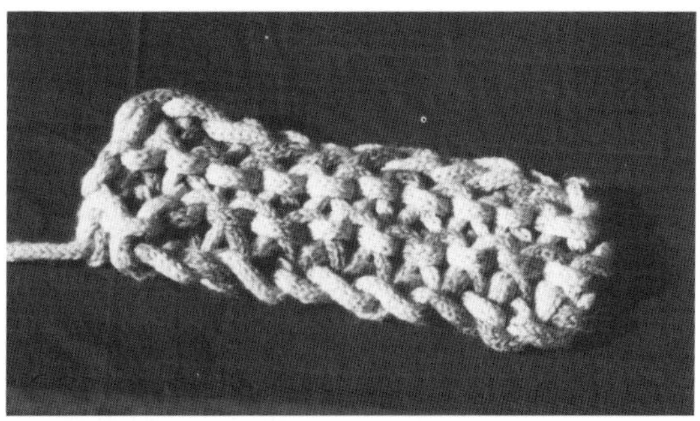

Strickprobe aus gestrickten Kordeln. Die massive Wirkung eines solchen Gestrickes macht es geeignet, als wärmender und zugleich weicher Gegenstand zu dienen, evtl. als Sitzmatte auf einem Stuhl oder zum Fernsehen auf dem Boden.

Das Gestrick wird in die gerade Lage gezwungen. Deshalb ist es notwendig, Strickwaren, die flach bleiben sollen, mit Strickrändern aus rechten und linken Maschen einzufassen.

Stricken mit Leder

Gemäß dem nostalgischen Trend stehen Naturmaterialien wieder hoch im Kurs. Die Naturmaterialien sind heute wieder neu entdeckt worden. Man bevorzugt die besondere Qualität von Leinen, Seide und Leder gegenüber den synthetischen Materialien. Tatsächlich ist das Gestrick aus Leder besonders griffig und weich und schmiegt sich in eleganter Weise dem Körper an, obwohl es zugleich einen schweren, weichfließenden Fall hat. Ledergestrickte Bekleidung wird getragen in weiter Form oder direkt am Körper anliegend, ganz nach dem Modetrend der Zeit.

Über einem gestrickten Pullover aus Leder trägt diese Dame eine Stola aus dicker grauer Mohairwolle.

»Geschnittenes Leder«, ein bandartiges Material, ist schwerer zu verarbeiten als Wolle, denn es rutscht nicht so leicht auf der Nadel und legt sich auch nicht in gleichmäßig aussehende Schlingen. Die Attraktivität der Lederstrickerei liegt in ihrem rustikalen Charakter sowie in der unnachahmlichen Farbigkeit, die Leder annimmt. Es ist ein satter matter Glanz, den gefärbtes Leder ausstrahlt. So harmonieren auch verschiedene Töne gefärbten Leders wohltuend miteinander. Es entsteht kein Stilbruch, wenn verschiedene Farbpartien nebeneinander verwendet werden, oder wenn man Muster in Leder strickt, so daß das Gestrick netzartig oder sonstwie durchbrochen erscheint.
Leider ist das Material sehr teuer. Für eine Weste muß man rund 400,– DM, für eine Jacke rund 700,– DM rechnen. Nimmt man Alkantara als Ersatz, so sind die Kosten zwar etwas geringer, man hat aber nicht die Lebendigkeit und Schönheit des natürlichen Materials.
Es ist besonders zu empfehlen, Lederstrickerei als Applikation zu verwenden, und wenn große Teile eines Bekleidungsstückes aus glattem Leder bestehen und nur Anschlußteile in Strickerei hergestellt werden, so kann die Wirkung sogar noch schöner sein, als bei reiner Strickarbeit, und auch die Kosten sind nicht so hoch.
Auch bei der Spielzeugfertigung erweist sich Leder als sehr geeignetes Material. Es hat die kühle Griffigkeit, die solches Spielzeug besonders im Sommer angenehm macht. Tiere, Bälle, Spielringe usw. können aus Leder her-

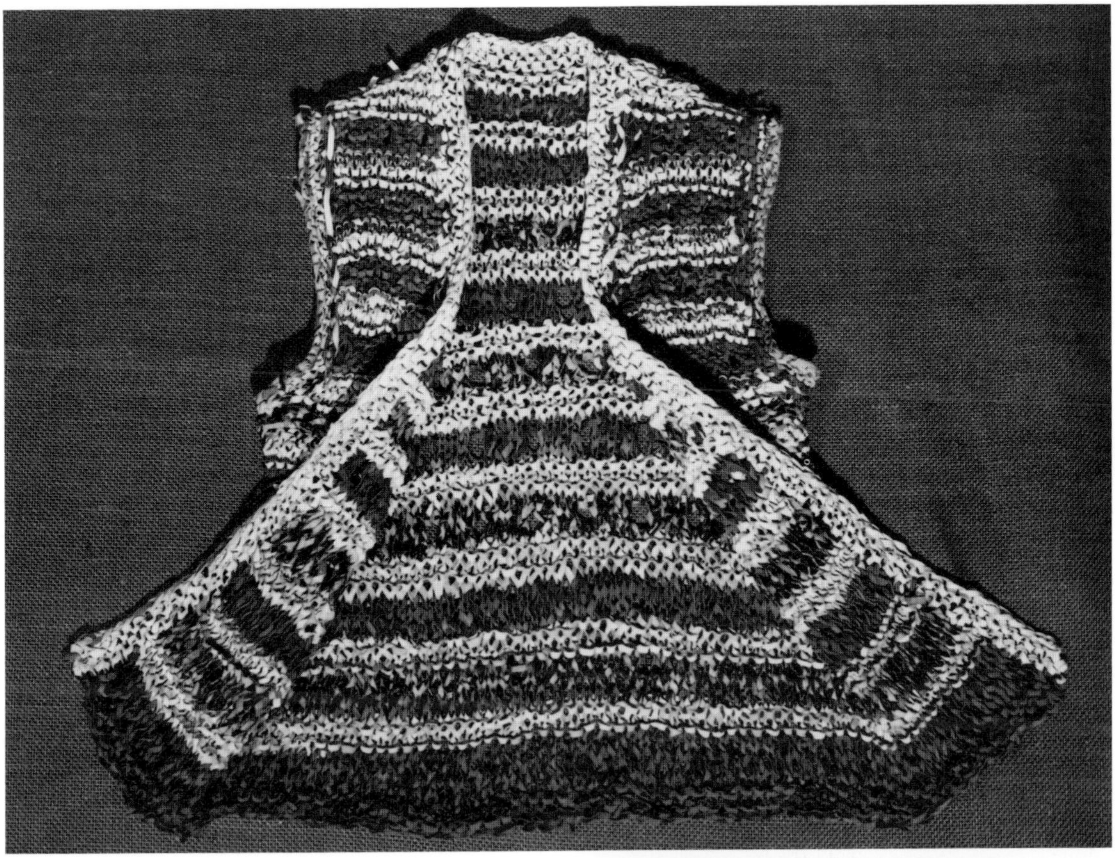

Weste aus geschnittenen Lederbändchen. Nach einem einfachen Grundschnitt wurde diese Weste gestrickt. In die dunklen Touren wurden als Lockerungseffekt im Abstand von vier Maschen kleine Löcher gestrickt. Das Unregelmäßige der Lederstruktur zeigt einen naturhaften Effekt, der z. B. sehr schön mit Jeans oder Alkantara-Kleidung harmoniert.

Rechts: Ausschnitt aus dem Gestrick dieser Weste. Man erkennt hier die Absicht des Strickers, durch die Löcher die Fläche aufzulockern.

gestellt werden. Dabei gelten als Anregung die gleichen Ratschläge, die für Spieltiere und Puppen in einem eigenen Kapitel dargelegt werden.

Ergänzung von Strickarbeiten mit Stickerei

So wie mit applizierten Strickereistrukturen interessante abstrakte und figürliche Bildkompositionen entwickelt werden können, ist es auch möglich, mit ihnen schon vorhandene Stickereistrukturen zu bereichern bzw. zu ergänzen.

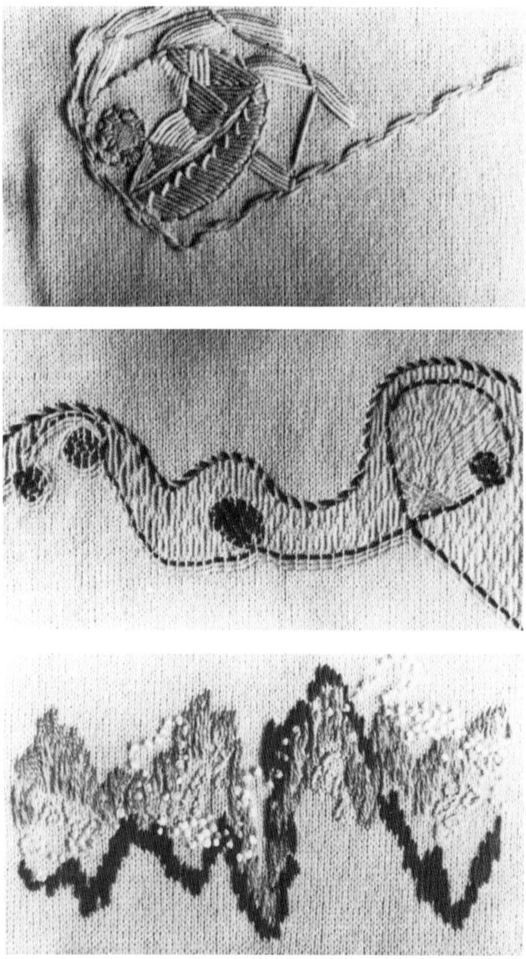

Wolltrikot in heller Schlammfarbe ist mit Webepartien dekorativ ergänzt worden.

Die verschiedenen Arten des Stickens sind so gut bekannt, daß sie nicht eigens erwähnt werden müssen. Neu ist aber die Kombination von Stickereipartien mit Strickstrukturen. Die Weichheit von Strickstrukturen bietet einen sehr wohltuenden Kontrast zur Härte und Exaktheit der Stickarbeit. Während diese in den meisten Fällen aus einem gespannten Faden entwickelt wird, also in der Hauptsache aus geraden, sich überkreuzenden und in verschiedenen Schichtungen sich ergänzenden Linien besteht, ist die Linie des Gestrickes immer rund und weich, da der Faden in Schlingen liegt. Dieser Effekt kommt besonders zur Geltung, wenn Garne mit starkem Drall verwendet werden oder Schnüre aus dünnem Hanf und Sisal.

Erarbeiten eines Ornamentes aus Lurex-Gestrick in Maschinentechnik

Ein quadratisches Stück Lurexgestrick mit der Seitenlänge von 5 cm wurde in der unteren Hälfte aufgelöst. Dadurch entstanden immer größer werdende freistehende Fadenpartien, die nach oben gezogen wurden. Aus einem weiteren Stück Lurex-Stoff wurden durch Abschneiden von seitlichen Maschenpartien kleine Schläuche gewonnen, die an den nach außen gezogenen Ecken angesetzt werden konnten.
Mit Stecknadeln wurde dieses verfremdete Stück Lurex-Gestrick auf einen glatten starken Baumwollgrund aufgesetzt, wobei man die rechtsliegenden Enden spitzenförmig nach außen zog und mit den aufgezogenen Lurex-Schläuchen in Bogenform erweiterte. Man manipulierte mit diesen losgelösten Fäden so lange, bis schließlich durch Aufstek-

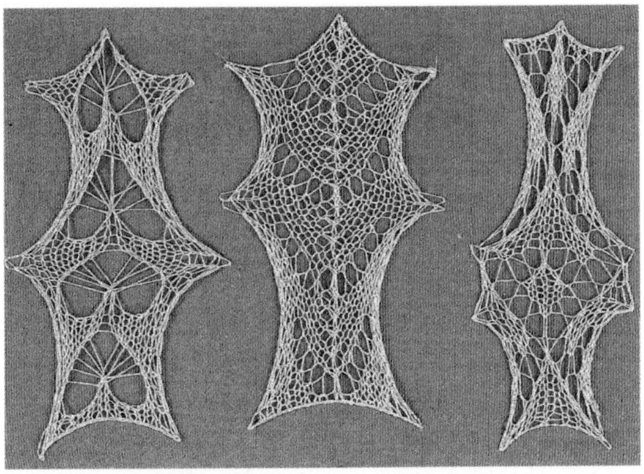

Diese Abbildung zeigt einen Ausschnitt aus einem Fries in Lurexstrickarbeit. Die silberglänzenden Stücke mit dem typischen Rolleffekt haben verschiedene Musterungen und verschieden gelagerte Schwerpunkte. Sie sollen sich aber optisch zu einem durchgehenden Ornamentstreifen ergänzen.

ken mit Nadeln ein interessantes Gebilde entstanden war. Nun konnte es mit der Nähmaschine im Zick-Zack-Stich auf dem glatten Grund festgenäht werden. Die zarteren Partien wurden mit der Hand festgenäht.
Der Erfolg war verblüffend, denn auf diese Weise ist ein sehr stabiles Gestrickornament auf rotem Untergrund entstanden, das sogar Waschen und Ausbürsten verträgt. Außerdem nahm die Arbeit nur wenig Zeit in Anspruch.
Es ließe sich die gesamte Randpartie für ei-

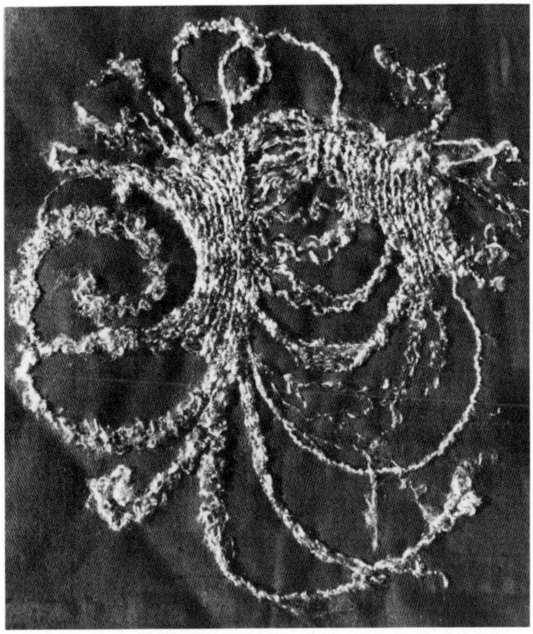

Dekoration in Lurex-Gestrick. Als unterer Abschluß von langen festlichen Kleidern und Röcken können in Form gespannte Kunststrickereien in Leinen, Seide oder Lurexmaterial dienen.

nen Kaminrock, für ein Abendkleid oder für eine Theaterrobe in dieser ansprechenden Art entwickeln, indem man solche Ornamente in genau berechnetem Rapport nebeneinander setzt und größere oder kleinere Partien am Ärmelrand und am Halsausschnitt befestigt.

Umstrukturierung, erprobt an Kleidungsstücken

In diesem Kapitel werden alle Techniken des Veränderns und Verfremdens von Gestrick angesprochen, um auf die ursprünglichen Ausdrucksformen dieser uralten Technik zurückzuführen. Die Hinweise auf Gestrickverfremdungen aus Peru können dabei hilfreich sein.
Zunächst stellt sich die für die künstlerische Komposition wesentliche Frage nach der »Graphik des Gestrickes«.

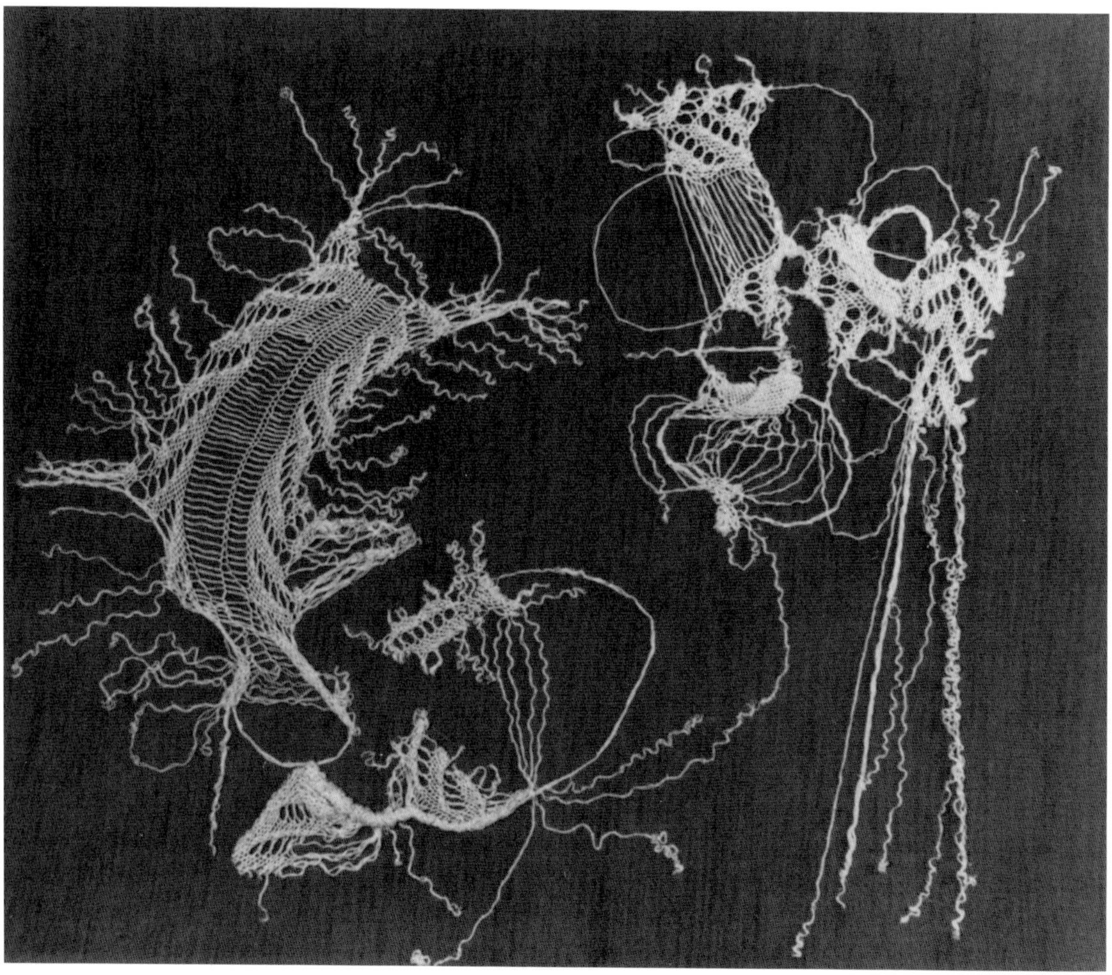

Die Graphik des Gestrickes

Man kennt Gestrick als eine Flächenbildung von ineinandergreifenden Maschen, die durch die Handhabung von Nadeln entsteht. Eine andere Erscheinungsform des Gestrikkes, nämlich die der »Auflösung«, bereitet in der Regel Ärger, wenn durchgescheuerte Sockenfersen oder Ellenbogen an Pullovern u. dgl. zu reparieren sind. Wer macht sich dabei schon Gedanken, daß solche schadhaften Stellen im formal-künstlerischen Sinne sehr reizvoll sein können! Einem Menschen, der gestalterisch begabt ist, können diese schadhaften Strickereistellen sogar Anreiz geben, schöpferisch tätig zu werden.

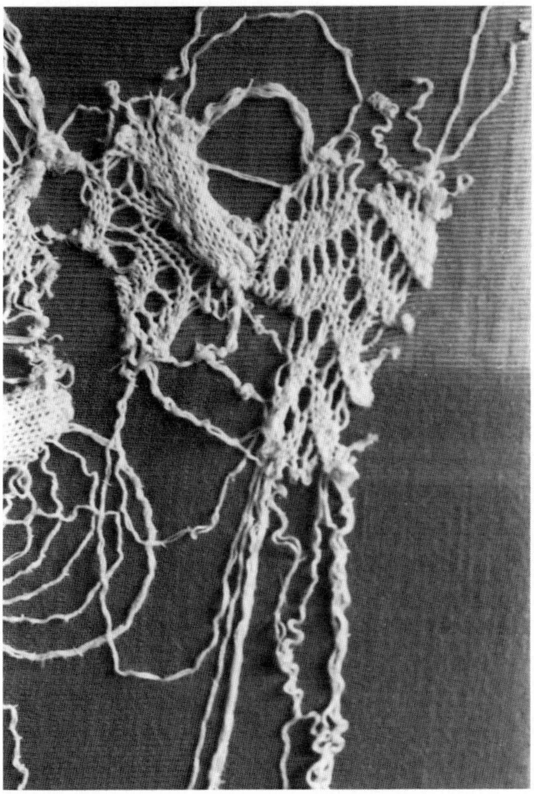

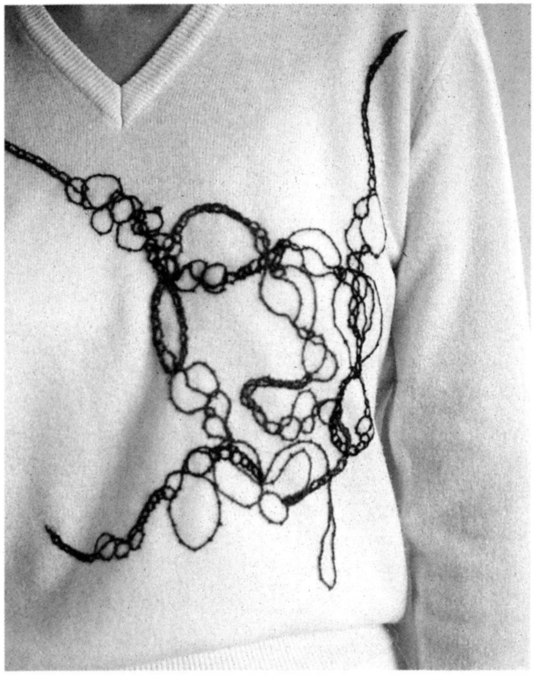

Schmuck eines weißen Wollpullovers aus Anschlageschnüren in Strickerei. Dieses interessante Fadenspiel ist sehr exakt aufgenäht worden und stört so nicht den weichen Fall der Strickware (Entwurf und Ausführung von Frau Schaper).

Ein derart stark beschädigtes weißes Söckchen aus dünnem Baumwollfaden ist in seine zerfetzten Einzelteile zerlegt worden. Durch weiteres Aufziehen von Maschenpartien und Verspannen der aufgezogenen Fäden ließ sich ein Ornament bilden, das mit den Kunststrickpartien des Söckchens korrespondiert. Alle diese weiterbearbeiteten Fragmente sind schließlich mit Stecknadeln auf einen violett-roten Grund aufgespannt worden, um daraus eine Drachengestalt zu bilden. Meditierendes Spielen führte immer näher zum Ziel. Die Stecknadeln wurden durch fixierende Stiche aus feinem weißen Garn ersetzt. Einige Stickereipartien in Weiß

ergänzen die Figur des Drachens, der sich als ein reizvolles graphisches Gebilde durch das rote Feld schlängelt.
Es ist ein elementares Erlebnis zu sehen, wie aus aufgelöstem Gestrick »Graphik« entsteht, die verwendbar ist nicht nur für kleine und große Bilder, sondern auch für Ornamente auf Bekleidungsgegenständen wie Röcken, Pullovern, Jacken oder Boleros. Solche künstlerischen Spielereien mit Gestrick sind die richtige Antwort auf unsere heutige Wohlstandsgesellschaft, in der der Mensch in Fertigprodukten erstickt und die Phantasie zum eigenen Schaffen nachläßt. Es ist befreiend, an alten Resten wieder schöpferisch zu werden und die elementare Freude zu erleben, die ein daraus neugeschaffenes Werk vermittelt.

Die Veränderung des Gestrickes

Die Veränderung des Gestrickes durch Techniken, die in *verschiedenen Etappen* einge-

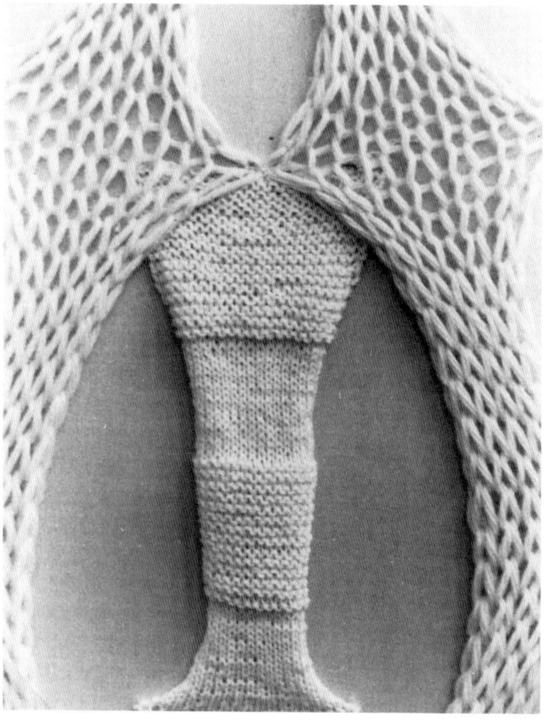

Wie verschieden Gestricktes wirken kann, sieht man bei diesen beiden Abbildungen. Es kommt immer auf die Art des Garnes (Dicke, Glätte, Struktur, Weichheit) und auf die Art des Strickens an. Wenn man beide Abbildungen miteinander vergleicht, so sind bei einem ähnlichen Grundornament ganz verschiedene Ergebnisse entstanden. Gestrickte Partien in verschieden dicker weißer Wolle ließen sich wegen ihres Rollcharakters durch Spannen zu einem plastischen Ornament umarbeiten (A). Stark strukturierte und zugleich melierte Mohairwolle ließ sich beim Vorgang der Gestricksverfremdung zusammen mit einem kleinen Stück dünner Mohairwolle zu diesem Ornament umarbeiten (B). Hier zeigen sich ganz neue Möglichkeiten progressiven Strickens.

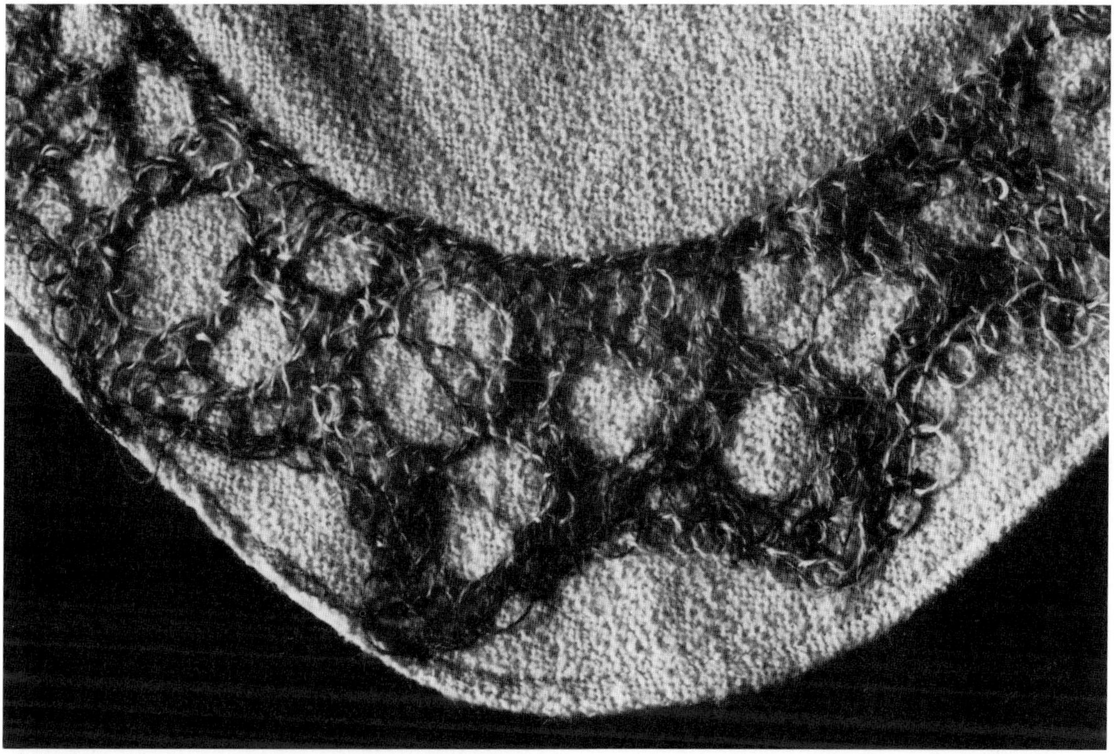

Gestrickter Schmuckrand eines Boleros. Mit dem sehr feinen in Ombrée-Tweed gefärbten Exquisit-Mohair-Garn ist ein Streifen mit unregelmäßig gesetzten großen und kleinen Löchern gestrickt worden. Beim Aufmontieren am Rand sind Zackenformen nach außen gezogen und mit Nadeln festgesteckt worden. Schließlich ist das ganze Arrangement mit dünnen Stichen längs des Randes festgenäht worden.

setzt werden, soll einen größeren Raum in diesem Buch einnehmen, scheint dies doch eine interessante und zukunftsträchtige Möglichkeit zu schöpferischer Handarbeit zu sein. Die Ergebnisse entsprechen in etwa jenen der Gewebeverschiebung, die allmählich auf dem Gebiet der Flächenveränderung von Geweben immer mehr als eine außerordentlich schöne Taktik der Ornamentbildung und der Spitzenweberei bekannt wird.
Durch das Herablassen von Maschen kann man das Gefüge lockern, in sich verschieben und so zu einem Ornament umformen. Ein solches Ornament läßt sich auf Stoff nähen und bleibt in dieser Stellung, wenn es mit feinen Stichen an allen Rändern mittels *Applikationstechnik* befestigt wird.
Auf diese Weise lassen sich nicht nur kleine Einzelelemente in reizvoller Verfremdung des Gestricks auf Stoff applizieren. Es ergibt sich auch die Möglichkeit, ein großes zusammenhängendes Stück so aufzulösen, daß die Ränder erhalten bleiben, um es dann auf festes Grundgewebe zu nähen. Dabei zeigt sich in der Mitte dieses Gebildes ein Muster, das durch weiteres Auflösen und gleichzeitiges Festnähen der aufgelösten Struktur zu einem reichen Ornament auswächst. Es

kann schließlich bis in die Ecken des Gewebes reichen. Selbstverständlich muß man beim Aufnähen von innen nach außen weiterschreiten, weil sich mit jeder Lockerung der Maschen das Gewebe ausdehnt und so immer mehr Platz an der Außenseite benötigt, so daß etwa ein Strickereistück von einem Quadratdezimeter Größe schließlich eine Fläche von über vier Quadratdezimetern beansprucht.

Die Verfremdung des Strickens

Schon in der Anlage eines Gestrickes kann durch verschiedene Maßnahmen die Struktur verfremdet werden. Z. B. kann durch das Herablassen der Maschen eine Spur entstehen, die im weiteren Lockerungsverlauf einen Kanal bildet. Werden weitere Maschen auf diese Weise aus ihrer Bahn gebracht, so entsteht ein Komplex, der durch ein paar Spannstiche zu einer völlig neuen dekorativen Einheit fixiert werden kann. Noch interessanter verläuft dieser Vorgang, wenn schon vor dieser Manipulation das Gestrick durch viel Auf- und Abnehmen in seinem Grundgefüge stark verändert wurde. Man kann dann sogar verschiedene Figuren formen, die scheinbar zufällig entstehen, z. B. Blütenkelche, Wolken, Bäume, Tiere und andere abstrakte Gestalten. Raffende Stiche sind dann notwendig, wenn dem gelockerten Gefüge wieder Halt gegeben werden muß, oder wenn man eine bestimmte Form anstrebt.
Ein solches Gebilde, das frei mit der Hand gelockert wurde, läßt sich durch Aufnähen einem Grundgewebe derart einverleiben, daß es aus diesem herauszuwachsen scheint. Es muß mit der Struktur dieses Grundstoffes

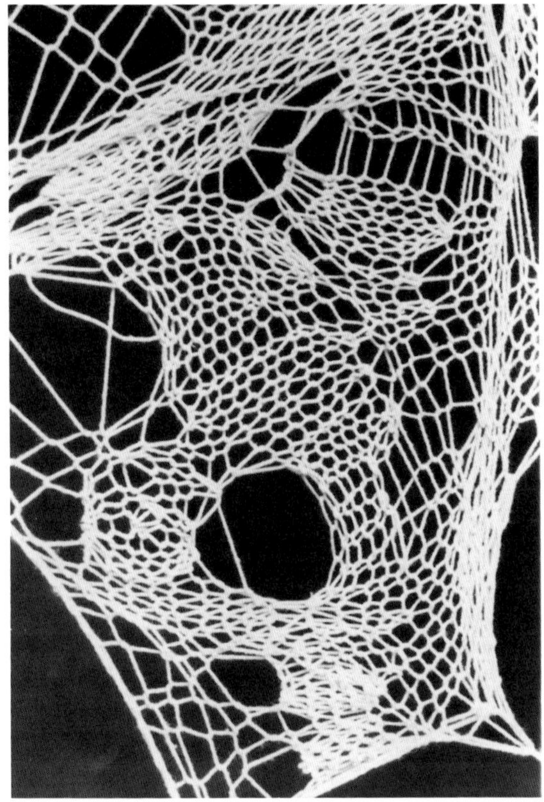

Ausschnitt aus verfremdetem Gestrick. Man sieht, daß Manipulationen, die man auch beim Kunststricken verwendet, angewandt worden sind.

völlig verschmelzen. Das Schneiden eines Gestrickes ist nötig, wenn durch diese Art des Annähens alle Ränder gesichert sind und sich keine Masche verselbständigen kann. Eigentlich sind es die gleichen Vorgänge wie bei der Gewebeverfremdung, und auch die Ergebnisse sind einander ähnlich. Das Aufnähen ist ein Teil der künstlerischen Ausführung. Es kann dabei mit langen Spannstichen oder mit kurzen perlartigen Stichen gearbeitet werden. Gestrickte Gebilde können auch durch Hexenstiche, Stil- und Kettstiche erweitert werden, denn diese fügen sich einer verfremdeten Strickstruktur sehr gut ein. Eine weitere Möglichkeit besteht darin, diese Hilfsstiche in einer anderen Farbe oder in einer anderen Struktur zu stikken, z. B. in Blau auf einem weißen Gestrick

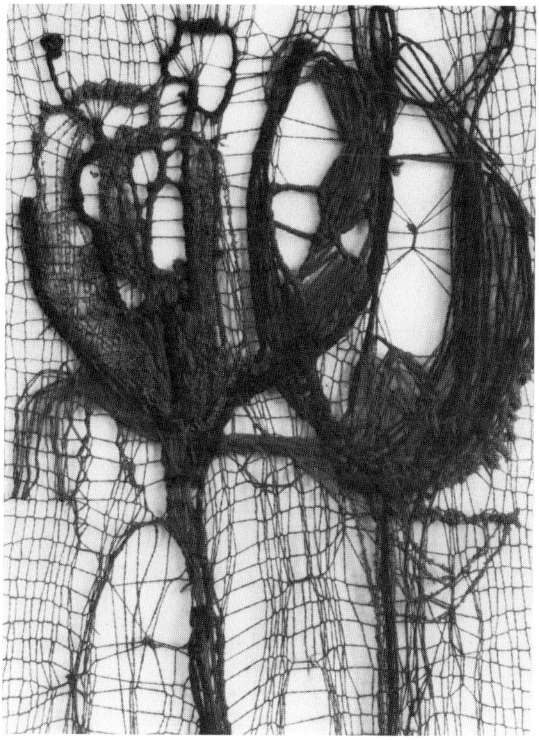

Ausschnitt aus einem transparenten Gehänge in »Stricktüll«. Über einen Metallrahmen wurde ein sehr lockeres, feinmaschiges Gestrick gespannt, das man in den Randzonen noch als solches erkennen kann. Durch Zerstören mancher Partien entstand eine kräftige Umformung des Grundes, die dann durch Übersticken und Überstopfen zu einem Blumengebilde umgewandelt worden ist. An diesem Beispiel kann man sehr deutlich sehen, wie kräftige Partien, die das Gestrick raffen und umschließen, mit flächig bearbeiteten Partien in feinster Rasterung abwechseln. Auch bei solchen Arbeiten gelten die Grundregeln moderner Gestaltung: Kontraste werden gesetzt, um dann durch Annäherungskoeffizienten wieder zur harmonischen Wirkung aufgelöst zu werden.

oder in Lurex auf einem seidenglänzenden gelbem Gestrick. Sehr feierliche, paramentenartige Wirkungen können gerade durch solche Manipulationen entstehen.

Was bis jetzt beschrieben wurde, kann man als Überhöhung eines Gewebes mit einer gestrickten Struktur bezeichnen, sozusagen die »Überkrustung« eines Grundgewebes. Diesem steht das Formen von Spitzen gegenüber. Wenn ein verfremdetes Gestrick in einem Rahmen gespannt wird und darin weitere Ausformung durch Übersticken erfährt, so ergibt sich eine schöne Spitze. Auch hier lassen sich verschiedene Figuren erarbeiten und mittels Stopftechnik ergänzen.

Als Variation kann man bei dieser Technik auch verschiedene Strickereilagen ineinanderschlingen, verknüpfen und wieder lösen. Hierzu bedarf es aber vieler Erfahrung im Formen und Umformen von Gestrick.

Bestickte Trachtenweste

Eine Weste, die sehr füllig mit Naturwolle in einfachstem Schnitt gestrickt wurde, sollte eine Bereicherung durch Stickerei erfahren. Das Problem bestand darin, eine optimale Ergänzung des Grundschnittes durch Betonung des Halsausschnittes, der Knopfleisten und des unteren Randes zu erreichen. Dieser sollte am stärksten hervorgehoben werden. Deshalb erhielt er eine sehr breit angelegte Stickereiborte aus sich überkreuzenden Rechtecken. Der untere Randabschluß wurde zusätzlich durch ein sternartiges Stikkereiornament betont. Passend zum Trachtenstil wurde die diagonal zu den Ärmeln verlaufende Linie mit Stickerei versehen, und zwar mit einer flachen Zick-Zack-Linie, auf der kleine Blätter wachsen. Das Blattmo-

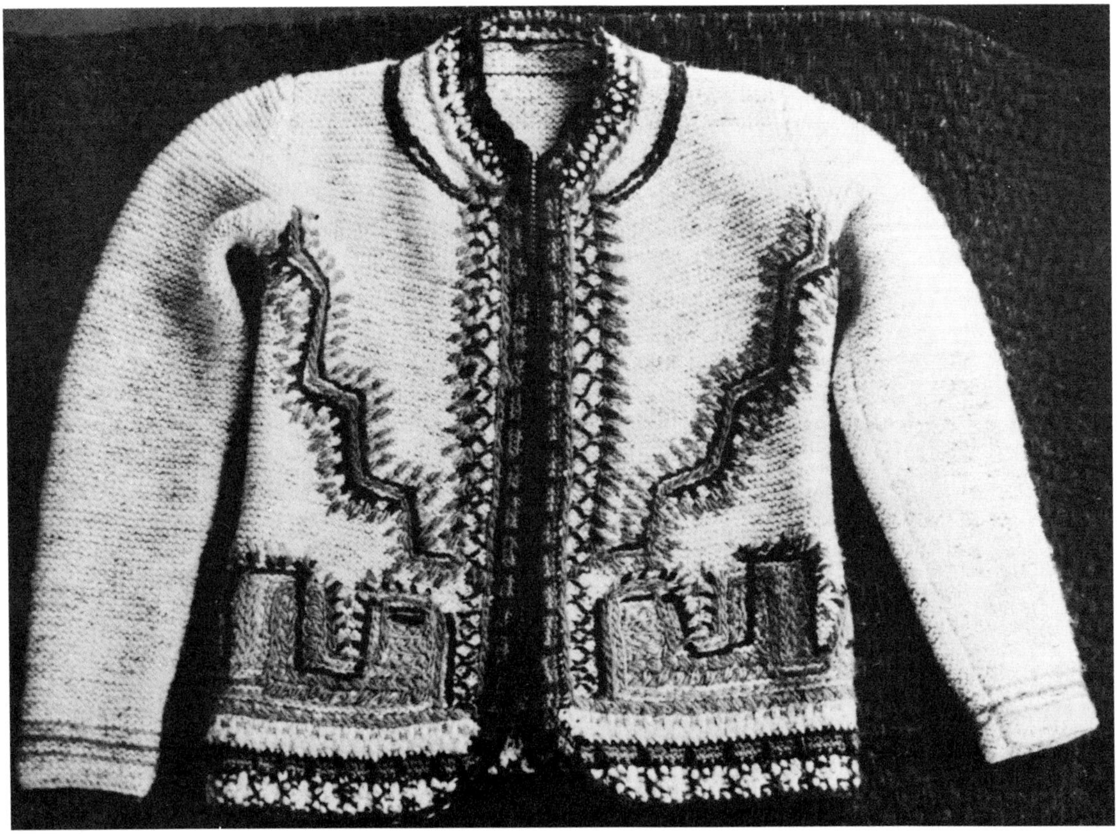

tiv wiederholte sich auch an den Knopfleisten und an den Rechtecksformen des unteren Schmuckstreifens.

Diese gestickten Ornamente sind in warmen hellen Rottönen, Schlammfarbe, Moosgrün und Dunkelbraun gehalten, Farben, die in der richtigen Verteilung eine ideale Harmonie bilden. Man könnte bei diesem Bekleidungsstück geradezu von moderner Volkskunst sprechen.

Es ist ja nicht damit getan, in heutigen Bekleidungsstücken nur die Moden früherer Zeiten zu wiederholen. So sollten auch Trachtenjacken nicht ohne weitere Überlegung nachgestrickt werden. Kreativer ist es, eine moderne Form für alte Schnitte zu finden und vor allem die dekorative Ausarbeitung den heutigen Maßstäben anzupassen.

Weste im Volkskunststil

Aus braunmeliertem Wolltrikot wurde eine einfache Trachtenweste geschnitten und mit Stickerei verziert.

Die eigentliche Kunst bestand darin, auf den melierten Wollgrund und zugleich auf den Schnitt dieser Weste einzugehen und dabei die richtigen Farben und Ornamentformen zu wählen.

Die Abbildung zeigt eine Partie aus dem vorderen Teil dieser Weste. Das Dreiecksmotiv wurde in Bandform eingebettet, wie man es oft bei alter Volkskunst sieht. Die Art des Stickens ist aber durchaus zeitgemäß. Es wurde Mohairwolle verwendet, die die Härte der Formen mildert. Sehr schön ist der Wechsel von schweren und leichten Partien, von bandartigen und punktartigen Motiven. Die Farben sind helles Ocker, bräunliches Rot und ein mildes Lindgrün.

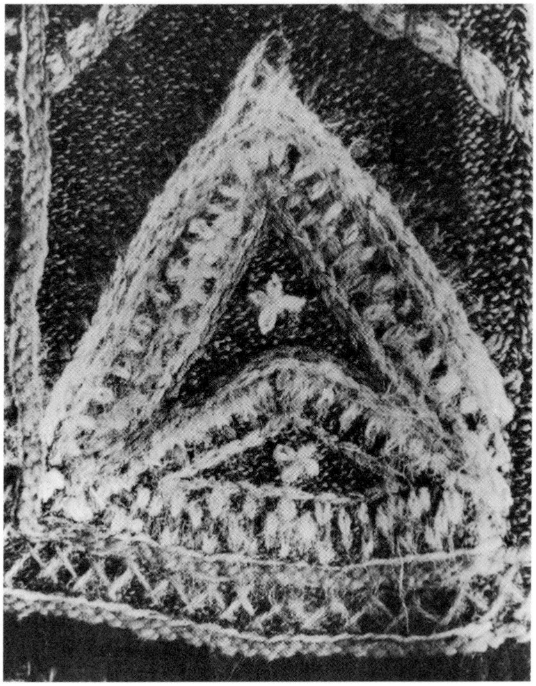

Sommerliches Blouson aus Leinenmaterial

Die Industrie bietet zur Herstellung sommerlicher Bekleidung sehr schönes Material in Leinen, Baumwolle und Seide, aber auch Kombinationen dieser Materialien, die sehr griffig sind und sich zu luftigen Sommergarnituren verstricken lassen. Ein Gestrick aus genoppten Baumwollfäden ist durch Herablassen von Maschen sehr stark verfremdet worden. Der Noppencharakter unterstreicht die krause Oberfläche dieser Strickgraphik. Runde Formen in dunklem Baumwollmaterial wurden als Verbindung zum Rot des Untergrundes eingebaut. Die untere Abbildung zeigt, wie das verzogene Stricknetz vor dem Annähen mit Nadeln fixiert wurde.
Solche Kleidungsstücke sehen apart aus. Sie sind für kühlere Sommertage geeignet, zeigen aber in Farbe und Schnitt den sommerlichen Charakter (vgl. auch Farbabb. S. 45).

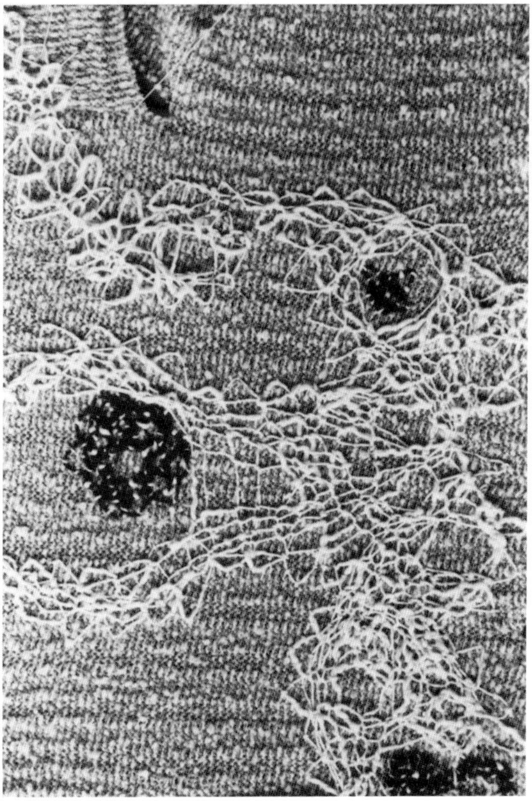

Sticken auf Gestrick

Gestrick kann durch Stickerei eine ideale Ergänzung erfahren. Natürlich muß das aufgesetzte Ornament in Farbe und Form mit dem Grundgestrick harmonieren. In einer ersten Überlegung sollte man den Platz für Stickereiverzierungen festsetzen. Saum, Ärmel, Knopfleiste, Kragen, Sattel, Taschen: Grundsätzlich kann jedes Teil eines Kleidungsstückes mittels zusätzlicher Stickerei eine besondere, wirkungsvolle Akzentuierung erfahren.

Die Stickerei ist möglichst mit kurzen Stichen zu fertigen, da der gestrickte Grund sehr weich und flexibel ist. Längere Fäden müssen, wie auf Abbildung S. 41 zu sehen, immer wieder punktweise durch Hilfsstiche gebündelt werden, damit sie geschmeidig in den Strickgrund einfließen. Zu beachten ist,

---

Verschiedene Beispiele für die Verwendung von Gestrickapplikationen auf Kleidungsstücken

daß die Stickerei nicht zu straff eingearbeitet wird, denn dann würde sie das Grundgestrick verziehen und dadurch unansehnlich machen.
Befolgt man diese Regeln, so lassen sich abstrakte und figürliche Ornamente mit Leichtigkeit auf Gestrick sticken. Es ist sehr zu empfehlen, Stickerei, die auf Platten, Taschen oder Randteilen eines Kleidungsstükkes angebracht werden soll, vor der Fertigung mit Vlieseline zu unterlegen. Bügelvlieseline kann an diesen Stellen auf der Rückseite des Gestrickes aufgesetzt werden. Dadurch ist gewährleistet, daß die Stickarbeit sich nicht verzieht und immer in gleichmäßiger Spannung auf dem Gestrick liegt. Auch für den Schnitt eines so gefertigten Kleidungsstückes ist ein teilweises Unterlegen mit Vlieseline der »Façon« wegen von Vorteil.

Links außen: Gestreifter Wollrock mit aufgesetzten Partien aus kompaktem Gestrick. Mit Absicht wurden dem Streifenmuster des Rockes in diagonaler Richtung quadratische und runde Strickelemente in entsprechender, auf das Grundmaterial eingehender Farbigkeit beigefügt. Diese Komposition von Gestrick gibt dem Rock etwas Festliches.

Links: Rock mit aufgesetztem Ornament in aufgelöstem Gestrick. Grob gewebter Wollstoff in grünen, ockerfarbenen und lichtgrauen Partien regte dazu an, eine Bereicherung aus aufgelöstem Gestrick in grünen Tönen zu bekommen. Auf dem bereits genähten Rock wurden mit Stecknadeln runde und in die Länge gezogene Partien von Gestrick aufgesetzt und anschließend mit kleinen Stichen festgenäht. Die Gestaltungsabsicht war, die Stränge des Streifenmusters durch den linearen Kontrast weicher runder Formen zu durchbrechen.

Rechts: Rock mit Dekorationen in Strickapplikation und der dazugehörigen Stola. Auf einem schlammfarbigen Wollstoff mit Mohaireffekten sind durch Auflösung von Gestrick erzeugte ziegelrote Tulpenkelche in der Mitte des Rockes in senkrechter Richtung appliziert worden. Das Tuch ist aus dem gleichen rötlichen Wollgarn, in Abwechslung mit schlammfarbiger Wolle gestrickt worden. Durch Fallenlassen jeder fünften Masche hat dieses Tuch senkrechte Streifen mit Durchbruchwirkung erhalten und wurde dabei weich und groß. Da die Farben sehr gewählt sind, kann diese Kombination als Abendkleid getragen werden (vgl. Farbabb. S. 48).

Als elegantes Abendkleid kann diese Kombination aus strickereiverzierten Gewandteilen benützt werden. Der Stoff des Rockes und der Stola ist handgestricktes Seidenmaterial mit Lurexeffekt. Das Oberteil besteht aus gestricktem Leinengarn, das in Farbe und Struktur eine ideale Ergänzung zu Rock und Stola darstellt. Der kalte blaue Ton findet sich wieder in den aufgesetzten Ornamenten aus Lurexstrickerei in Silber.

Dieses sommerliche Blouson besteht aus rötlichem, feinmaschigem Strikkereistoff in Leinen- und Baumwollmaterial. Das weiße Ornament ist verfremdetes Gestrick aus strukturiertem weißem Baumwollgarn. Es ist diagonal mit kleinen Hinterstichen angebracht worden.

Auf einen Sommerpullover aus Seide und Leinen gestrickt, ist ein Ornament, das in Strickereiverfremdung aus Lurex-Material und gerissenen weißen Seidenbändern hergestellt worden ist, aufgenäht worden.

Links: Zweiteiliges festliches Kleid aus schwarzem Nicki-Material mit diagonal aufgesetztem Strickereischmuck in Silber-Lurex. In Kunststrickerei wurden große und kleine Blattformen entwickelt und aufgenäht. Der Kontrast zwischen metallischem und samtartigem Material macht dieses Kleid interessant.

Bolero aus grauem Bouclé mit Randverzierung aus farbiger Strukturwolle. Ein lockeres Band aus verschieden gefärbtem Bouclégarn wurde nach dem Aufstecken so geformt, daß große runde Öffnungen entstanden. In diese wurden kleine Rosetten in erikaroter Farbe gesetzt.

Rechts: Dieses zweiteilige Abendkleid besteht aus schwarzem und enzianblauem Chenillematerial. Das Oberteil ist eng anliegend und hat einen weiten Halsausschnitt.

Auf einen schlammfarbigen Wollstoff mit Mohaireffekten sind durch Auflösung von Gestrick erzeugte ziegelrote Tulpenkelche in der Mitte des Rockes appliziert.

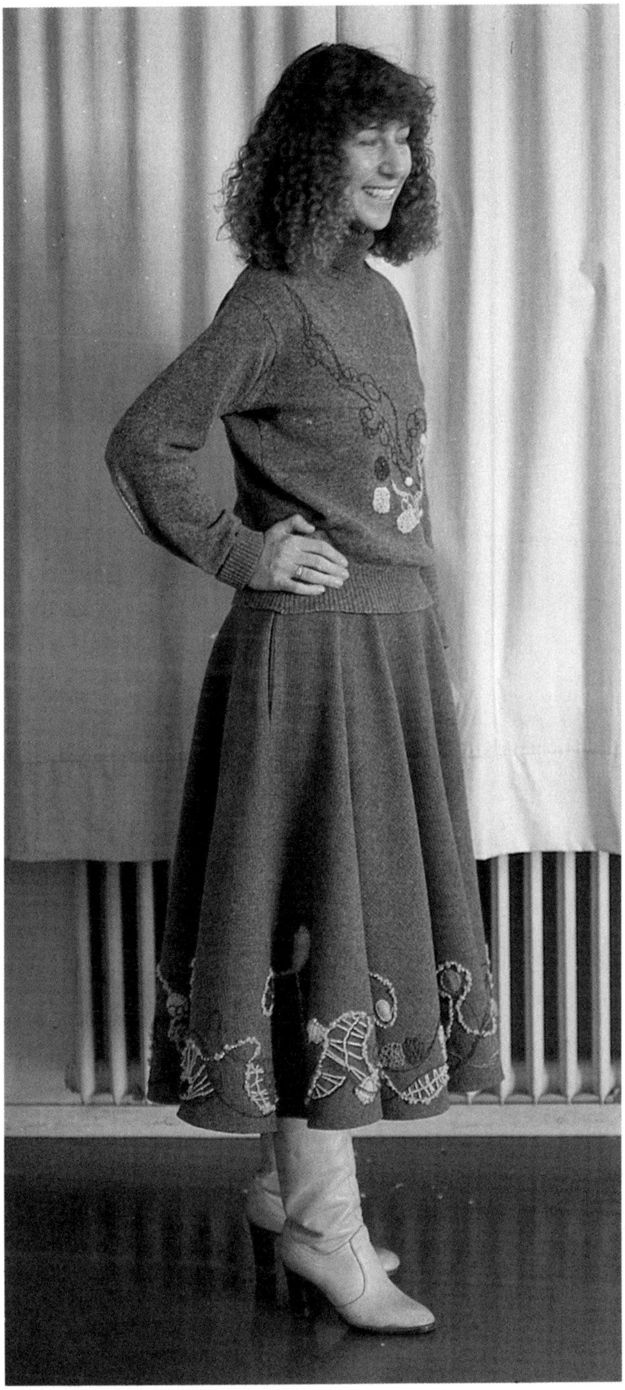

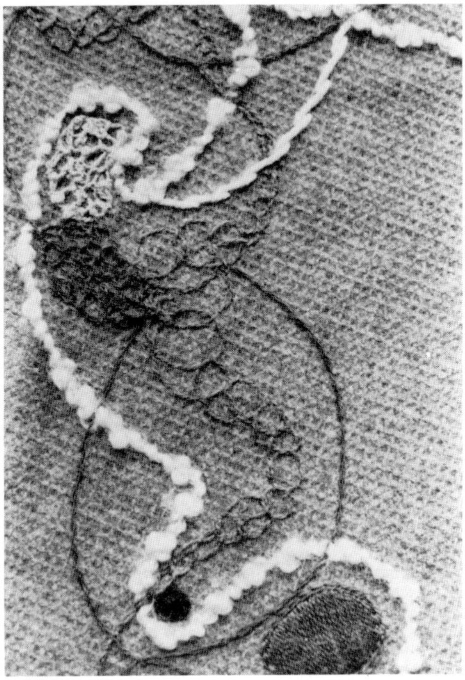

Kombination eines winterlichen Strickkleides mit Strick-Ornamenten. Entlang des gesamten Rocksaumes führt ein kombiniertes Ornament aus Strickarbeit und Stickerei. So bilden der Rock und der Pullover, bestickt mit den gleichen Ornamenten, eine Einheit. Der weitschwingende Rock hatte eine Breite von fast drei Metern. So war es ziemlich viel Arbeit, ihn in dieser anspruchsvollen Art zu verzieren. Als Farben wurden graue Töne neben einem aprikotfarbenem und schwarzem Material verwendet. Mit Absicht sind neben glatten auch strukturierte Garne, neben dicken auch dünne Fäden zur Entwicklung dieser umfangreichen Stickerei benützt worden, denn gerade im Kontrast der Materialien und Farben sollte die Wirkung der Stickerei liegen.

Rock für festliche Anlässe. Ein kirschroter Wollstoff wurde zu einem knöchellangen Rock umgearbeitet. Gestrick aus verschiedenen roten Tönen wurde an fünf Stellen senkrecht nach oben geführt, während der untere Rand durch kleinere rote Strickpartien belebt wurde. Die waagrechte Richtung wurde durch rote Wollkordeln, die in bewegten Zügen aufgenäht wurden, betont.

Rechts: Zweiteiliges Kleid aus feinem Wolltrikot. Dieses weiche schwarze Material war geeignet, sich mit feinem Gestrick aus zartem Mohairgarn verbinden zu lassen. Dabei wurde nicht die Technik der Gestrickverfremdung benützt, sondern wurden Bänder und Dreiecke so gestrickt, daß kleine und große Löcher durch das Ab- und Aufnehmen der Maschen entstanden sind. Schließlich wurden diese Bänder an den Vorderkanten des Boleros als Schmuckrand aufgesteckt und festgenäht, während die Dreiecke als Ornamente die Ecken dieser Schmuckränder füllten und in größerer Form am unteren Rockende angebracht wurden. Die Verbindung nach oben entstand durch in sich gedrehtes Mohairgestrick.

Erzielung von Plastizität

Mit diesem Begriff sollen in diesem Kapitel alle Möglichkeiten der plastischen Umgestaltung von Gestrick erläutert werden.

Plastische Verwendung von Gestrick

Gestrick läßt sich natürlich auch in sich verdrehen und verzieren. Dies ist die Ausgangssituation für die plastische Verwendung von Gestrick. Nehmen wir einen kleinen Lappen, der mit dicken Nadeln aus Leinenfäden gestrickt wurde und halten ihn an zwei Ekken fest, während wir ihn in der Mitte um seine eigene Achse drehen und eventuell an einer weiteren Ecke stark nach außen schieben. So ist ein vogelartiges Gebilde entstanden, das durch die Drehung eine sehr verfremdete Strickereistruktur aufweist. Das kann man mit beliebig geformten Stricklappen versuchen und dabei noch weitere Verschränkungen ausprobieren. So können sogar Löcher in diese Lappen gestrickt werden, daß dann Teile der Strickereifläche von einer Ecke durch sie geführt werden und bei der Verspannung wiederum neue überraschende Figuren ergeben. Dieses Spiel macht vor allem Kindern Freude, bietet aber durchaus ernsthafte künstlerische Möglichkeiten.
Solch verfremdete Strickteile können auf festen Grund zu interessanten Gruppierungen aufgenäht oder aufgeleimt werden. Kompositionen dieser Art können höchste Qualität der Gestaltung erreichen. Große und kleine verschiedenfarbige Strickteile werden zueinander oder übereinander gruppiert.
Ein anschließendes Überspannen oder Übersticken mit entsprechendem Material erhöht noch den Reiz dieser Technik.

Ungefähr in der Größe der Seitenteile dieser Flasche sind zwei Lappen mit Löchern gestrickt worden, die über die Flasche montiert wurden, indem sie mit Spannstichen aneinander gehängt wurden. Diese Spannstiche ließen sich zum Flaschenmund hin netzartig erweitern. Die Mittellinie entstand durch Verspannen der querliegenden Fadenpartie. Solche Flaschen sehen sehr schön aus, da das Naturmaterial dieser Schnürung sehr gut zum glänzenden Grün der Flasche steht (vgl. Farbabb. S. 57).

Hängeflasche, die mit Bast überstrickt ist. Um Blumen aufzunehmen, können solche Flaschen, die mit verschiedenem Material überstrickt sind, an die Wand gehängt werden. Mit einem glattgestrickten Viereck in hellem Bastmaterial ist begonnen worden. Nach dem Aufnehmen der Maschen an den Seitenteilen dieses Vierecks entstand beim Weiterstricken mit dunklem Bastmaterial eine sich sternenförmig ausweitende Fläche. Bei regelmäßigem Aufnehmen an den Spitzen wuchs die Form nach außen, bis die Fläche die Größe eines Flaschenmantels hatte. Sie wurde am Hals zusammengezogen und mit einer Hängeschlaufe versehen.

Das Gestrick hat von Natur formenden, anschmiegenden Charakter. Deswegen ist es auch dazu geeignet, die Plastizität eines Gegenstandes zu unterstreichen oder gar herauszuarbeiten. Wer geübt ist im Stricken von Handschuhen und Socken, kennt alle formenden Manipulationen des Strickens, wie Auf- und Abnehmen und Zwickelbildung. Diese können beim plastischen Stricken verwendet werden, so daß man mit ihrer Hilfe sogar große Figuren stricken könnte. Die Ergebnisse ähneln Gebilden der modernen plastischen Kunst.

Durch Ausstopfen mit Füllmaterial gewinnt das dehnbare Gestrick Festigkeit.

Man kennt das von der Puppenherstellung. Es kann aber auch gesteift werden, indem es in einer Situation der Spannung geleimt wird. Ein entsprechender Versuch wurde hier mit Ballons durchgeführt.

Über aufgeblasene Luftballons kann verfremdetes Gestrick gespannt werden, bis sie auf ihrer Oberfläche damit überzogen sind. Selbstverständlich liegen der Verdichtung des Gestrickes Gestaltungsabsichten zugrunde.

Nach diesem ersten Arbeitsgang kann dieser Mantel aus Gestrick mit Leim eingestrichen werden. (Kaltleim und Glutofix eignen sich am besten, weil sie keine zerstörenden chemischen Zusätze haben, die die Ballonoberfläche angreifen.)

Nach dem Trocknen der Strickereischicht wird der Ballon zerstört, und der Mantel steht als festes Gebilde, sozusagen als Freiplastik, da.

Je größer die Gestricke sind, die gesteift werden sollen, desto umfangreicher müssen die Gerüste sein. Riesige Kuben könnten mit

Nach dem Zerstören des Luftballons zeigt sich das gesteifte Gestrick als »freistehende Plastik«.

Auf diese Weise können Luftballons mit Gestrick überspannt werden. In dieser Phase des Erarbeitens einer freistehenden Strickereiplastik sind noch viele Eingriffe möglich. Zur Bereicherung dieses Stricknetzes können weitere Netze eingefügt werden. Die Komposition kann durch Weben ergänzt werden (vgl. Farbabb. S. 57).

Gestrick überspannt und anschließend mit steifender Substanz übersprüht oder überstrichen werden. Sie haben dann ausreichend Standkraft, um ohne Gerüst ihre Form zu halten. Bei Seiden- und Baumwollstrickereien eignet sich auch Klarlack oder Sprühlack zum Festigen von Gebilden über metallenen oder hölzernen Gerüsten. Der Lack unterstreicht den Glanz dieser Materialien. Man könnte zum Beispiel Schaufensterdekorationen aus Lurex-Garn oder geschnittenen Seiden-Lurex-Bändern stricken und auf diese Weise festigen. Eine weitere Möglichkeit des plastischen Gestaltens besteht darin, die Standfestigkeit bestimmter Strickmanipulationen, wie Rippenbildung, Plissée, Noppenbildung, auszunützen. Wenn mit sehr starkem Material, etwa dicken Schnüren, Muster gestrickt werden, entsteht ein festes Gebilde, das keiner weiteren Steifung bedarf. Der auf Seite 75 abgebildete Halsschmuck,

Gestrick gibt es in verschiedener Art, riesengroß aus Tauen und winzigklein aus dünnem Garn. Auch in der Abwandlung der Dicke beruht die Variationsmöglichkeit von Gestrick. Man denke sich z. B. ein einziges Werkstück aus diesen beiden Materialien erarbeitet.

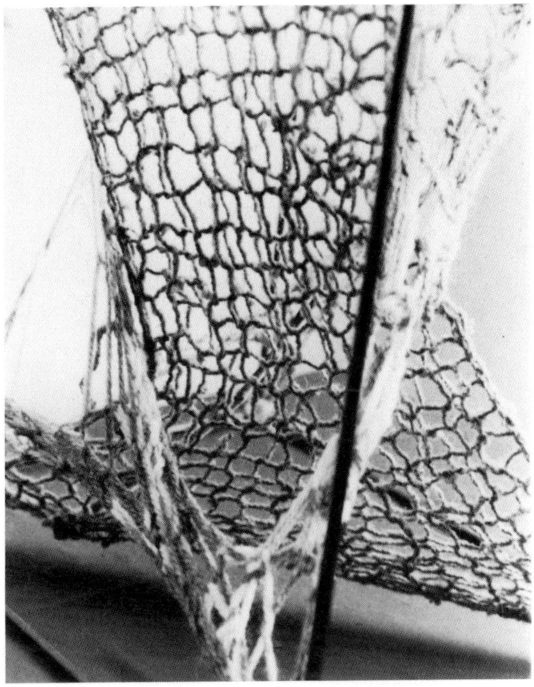

der noch eigens beschrieben wird, ist auf diese Weise entstanden. Dicke Lurex-Bänder sind gestrickt worden. Die Eigenschaft des Einrollens von solchem Gestrick wurde ausgenützt. Die Plastizität entsteht somit auf ganz natürliche Weise.
Wie schon erwähnt, ist die Verwendung von kräftigem, dickem Material eine Möglichkeit, dem Gestrick Festigkeit zu geben. Bodenteppiche, aus dicken Trikot-Bändern gestrickt, sind ein Beispiel dafür.
Das Stricken mit dickem und festem Material ist sehr anstrengend. Man braucht massive Holznadeln, die man sich selber aus Rundstäben basteln kann, indem man die

Spitzen gleichmäßig abschleift und mit Wachs glättet. Die Enden können mit Knöpfen gesichert werden, damit das Gestrick nicht abrutscht. Mit solchen Nadeln lassen sich sogar Seile verstricken. Der Vorschlag, einen Kinderspielplatz mit Matten aus gestrickten Seilen zu einem Kletterplatz umzuwandeln, könnte auf diese Weise verwirklicht werden.

Als letzte und einfachste Art, Gestrick in aufrechter Haltung zu fixieren, soll das Einspannen in Gerüste beschrieben werden. Große Draht- oder Holzgebilde können als Rahmen für gestrickte Plastiken dienen, die durch die Spannung so aussehen, als ob sie zwischen diesen frei schwebten. Auch in dieser Technik liegen noch unentdeckte künstlerische Möglichkeiten, die Bildhauer mit textilen Ambitionen aufgreifen können. Die beigegebenen Schemazeichnungen sollen nur Modelle für diese Idee sein.

Es gibt noch einen weiteren Weg, der mit diesem Vorschlag kombiniert werden kann. In der Art der Smok-Technik können große Strickpartien abgenäht werden. Durch diese Raffung erhalten sie bereits in der Hand plastisches Aussehen, denn ganze Faltenbündel können gebildet werden. Ein nachträgliches

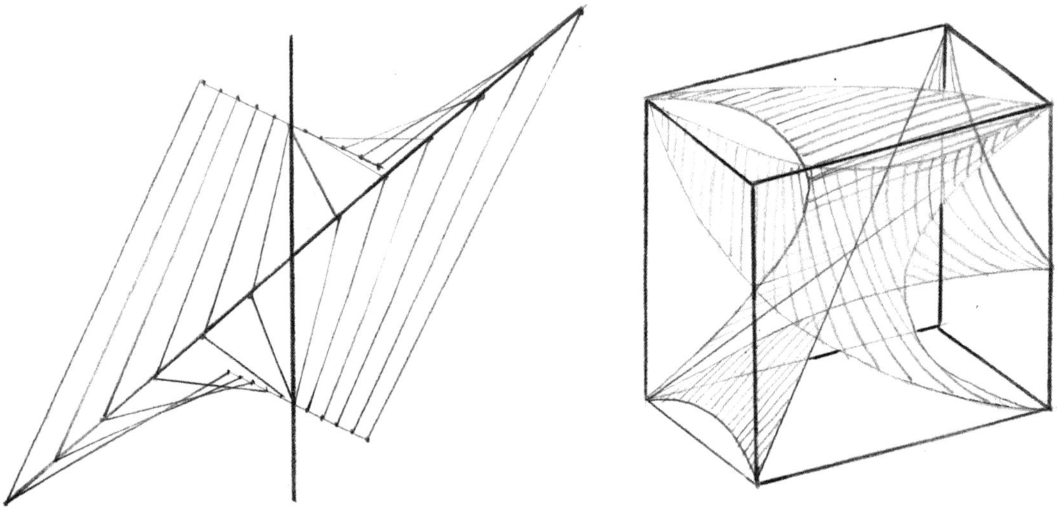

Plastisch verspanntes Gestrick. Die Licht- und Schattenwirkung von plastisch verspanntem Gestrick soll anhand dieser Fotos erklärt werden. Wie man Gestrick um die eigene Achse dreht und durch Löcher anderer Gestrickpartien hindurchführt, wie dabei manche Partien trichter- und manche fächerartig aussehen, wie Ombrée-Tweed andere Strukturen erzeugt als dünne Mohair-Wolle, soll in der Summierung verschiedener Möglichkeiten und Kombinationen hier gezeigt werden. Die experimentell zu erfahrenden Eigenschaften plastisch verspannten Gestricks können auf viele Gegenstände angewendet werden. Ein fruchtbares Feld finden diese Ideen in der Schaufenstergestaltung, in der Bühnendekoration und in freischwebenden Objekten. Sollten z. B. solche Verspannungen aus Sisal- und dicken Hanfschnüren gestrickt werden, so können kleine bis riesengroße Gerüste verschiedener Form mit solchen Gestricken ausgespannt bzw. überspannt werden. Das Spiel des Lichtes wird sich in ihnen besonders angenehm zeigen.
Eine weitere Idee ist, mit farbigem Exquisit-Mohair-Garn Gestricke für Objekte mittlerer Größe herzustellen und diese in sich überkreuzenden Verspannungen zu befestigen. Diese werden durch das Spiel des Lichtes für die Augen Durchdringungs- und Mischfarben ergeben.

Oben: Mit grobem Gestrick überzogener Luftballon. Mit Lack oder Weißleim versteift ergibt sich nach Zerstören des Ballons eine Plastik von Gestrick.
Unten: Mit Gestrick überzogene Flaschen ergeben einen dekorativen Zimmerschmuck.

Oben: Bei diesen Pilzen wurde das Gestrick gesteift, indem dünne Metallfäden gleichsam als »Beilaufgarn« mit verstrickt wurden.
Unten: Über einer Tüllapplikation auf rotem Grund wurde aufgelöstes Gestrick zu einem Wandbild komponiert.

Diese weiße Strickereiplastik ist in ein Kreuz, das aus zwei Metallrahmen gebildet ist, verspannt. Ein Gestaltungselement ist neben dem Wechsel der Richtungen und Formate der Kontrast zwischen dicken und dünnen Partien.

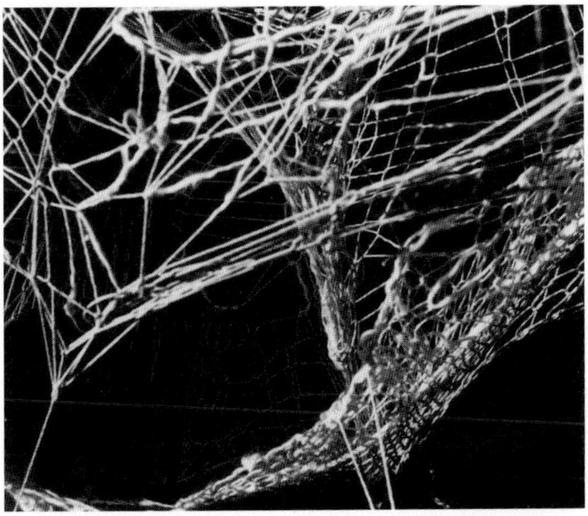

Verspanntes Gestrick aus genopptem Leinengarn zeigt sich ganz anders im Charakter. Es ist innerhalb einer kubischen, aus starkem Draht gebogenen Grundform aufgehängt und bildet schlauch- und trichterartige Durchdringungen. Was man verfremdetem Gestrick durch Verspannen in Räumen abgewinnen kann, sollen diese Beispiele zeigen.

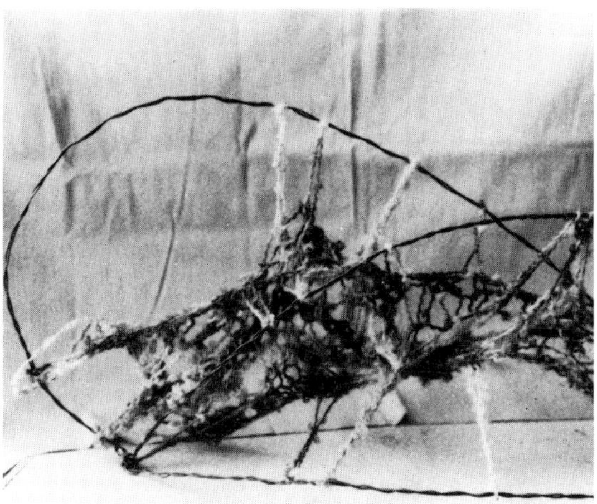

Gespanntes Gestrick. Wie verfremdetes Gestrick zu einem plastischen Gegenstand wird, sieht man hier bei diesen beiden Abbildungen der Verspannung zwischen gebogenen Drähten. Das vliesartige Gebilde gewinnt tierhaften Charakter. So könnte man z. B. auf ganz einfache Art verschiedene Tiere darstellen.

In Kuben verspanntes Gestrick zeigt sich in seiner Licht- und Schattenwirkung besonders reizvoll. Dieser Kubus, der mit Leinengestrick plastisch verspannt ist, kann die Idee zu einem Kinderspielplatz sein. Wenn im Winter keine Möglichkeit besteht, sich im Freien zu tummeln, so können Kinder in Räumen, die mit gestrickten Tauen verspannt sind, turnen, durch die Maschen schlüpfen, an Rändern herabgleiten, an Strängen nach oben klettern und Verstecken spielen.

Aufhängen plastisch vorbereiteten Gestricks in Gerüsten zeigt eine viel reichere Entfaltung des raumbildenden Elementes als die oben beschriebene einfachere Möglichkeit. Das Raffen von Gestrickpartien kann natürlich auch vor dem Spannen über Gerüste, zum Zweck des Steifens durch Leim und Fixierspray erfolgen. Man könnte sich vorstellen, daß man auch fertige Strickereiware, Trikot oder abgelegte, zerschnittene Strick-

kleidung für solche freistehenden Plastiken verwenden könnte.
Da dieses Buch die schöpferischen Kräfte anregen will, kann nicht bei jedem Kapitel schon erschöpfend jede Möglichkeit bis zum letzten Detail dargestellt werden.

Überstrickte Fabeltiere

Eine reizvolle Variante der oben genannten Technik ist das Überziehen von Ast- und Wurzelwerk mit grobem Gestrick aus Hanf oder Sisalschnur.

Hirsch und Drachen aus Wurzelwerk. Eine verdickte Wurzel mit feinen Auswüchsen läßt sich zu einem Hirsch umgestalten. Zwei kleine Ästchen, die in Bohrungen unter dem Hals eingesteckt werden, vervollständigen das Gebilde und geben ihm auch die nötige Standfestigkeit. Verfremdetes Gestrick wird als strukturierendes Element über den ganzen Körper gezogen. Verfremdete Hexenstiche geben schließlich den Schmuck des Geweihes ab. Ein Wurzelstück, das als Umriß einen Drachen darstellt, wird mit Gestrick aus Leinenbindfaden in der Weise überzogen, daß alles, was an ihm skurril und drachenhaft ist, hervorgehoben wird. Schließlich wird ein Ästchen so nach oben geführt, daß es einen Flügel andeutet. Die Fläche dieses Flügels wird mit Spann- und Schlingstichen der Struktur des Gestrickes angeglichen.

Oft findet man bei Waldspaziergängen knorrige Wurzeln, die wie Alraun-Männchen aussehen.
Wenn man eine ganze Gruppe solcher Wurzeln und verkrüppelter Äste gesammelt und Tag für Tag vor sich hat, ordnet man ihnen Bezeichnung und Funktion zu. So wie man zerfließende Wolkenformen als Burgen und Bäume deuten kann, sieht man plötzlich ein solches knorriges Aststück als Hexenkopf, als Drachen, als Pferdchen oder Hirsch. Diese Metamorphose kommt aus dem Spiel der Phantasie und ist deshalb schon ein Teil des schöpferischen Aktes, der dann beim Überspannen mit Gestrick zur Vollendung kommt.
Eine Wurzel wird so bestrickt, daß eine zauberhafte, »bestrickende Gestalt« entsteht. Dies vollzieht sich nur stückweise und nicht immer am Gegenstand selbst. Am besten strickt man kleinere und größere Dreieckstücke aus Hanf oder Sisalschnur, die man probeweise über Einzelteile des Wurzelmännchens oder des Asttieres zieht, bis sie passen. Vollends anzugleichen sind sie durch gelegentliches Herablassen von Maschen oder durch Anstricken, beziehungsweise durch Ergänzen mit Spannfäden. Hierzu gibt es viele Wege, die ebenso der Phantasie des Einzelnen überlassen bleiben.
Wichtig sind gute Paßform des Gestrickes und harmonische Abstimmung auf die Grundstruktur, auf Form und Farbe des Naturgegenstandes. Aus diesem Grund muß das Gestrick immer wieder wechselweise auf die einzelnen Teile des Fabelwesens eingehen, etwa bei den Flügeln anders sein als bei den Hörnern, müssen auch die Füße anders überzogen werden als der Kopf.
Es können auch Variationen dieser Strickarbeit mit Ästen und Wurzeln entstehen, indem man dieses Naturmaterial *schält*. Durch Entfernen der Rinde zeigt sich die helle, glatte Holzoberfläche, die manchmal eine besonders schöne Struktur aufweist. Mitunter findet man bei altem Holz unter der Rinde die Spuren des Holzwurms, die auch kompositorisch mit einbezogen werden können. Es macht Spaß, sich immer wieder neue Möglichkeiten auszudenken. So sollen auch die gezeigten Abbildungen nur zur Anregung dienen.
Eine weitere Variante ist das Anstreichen oder Besprühen des Ast- oder Wurzelwerks mit Farbe. Mattes Blau zum Beispiel könnte großartig mit Sisalmaterial des Strickwerks harmonieren. Auf Rinde steht die Farbe grob und pastos, auf glattem Holz dagegen zart und seidig. Auch diese Wirkung muß mit einbezogen werden. So sollten Versuche sowohl mit Rindenmaterial als auch mit entrindetem Ast- und Wurzelwerk gemacht werden. Eine ganze Menagerie von Fabelwesen kann als Zauberwelt der Phantasie auf diese Weise die Wohnung bevölkern.
Eine interessante Anwendungsmöglichkeit besteht darin, diese Zauberwesen als Marionetten zu verwenden, etwa zu Preußlers »Die kleine Hexe« oder zum »Räuber Hotzenplotz«. Entsprechende Führungskreuze regulieren die Fäden und damit die Bewegung der Puppen. Gelenkige Verbindungen an den Puppen lassen sich aus dem werkeigenen Material – Schnur aus Sisal und Hanf – entwickeln. Bei Stabspielpuppen kommt es auf die gute Konstruktion der Haltungs- und Führungsstäbe an, die einer Puppe große Beweglichkeit verleihen können. Dünne glatte Äste oder Ruten dazu zu verwenden, ist noch stilechter. Auf die Konstruktion dieser Mechanik soll an anderer Stelle noch eingegangen werden.

Kombination verschiedener Techniken

Selten tritt eine Technik modernen Strikkens allein auf. Meistens sind verschiedene Techniken aneinandergekoppelt. Sie stehen in ständiger Wechselbeziehung zueinander. Überschneidungen von verschiedenen Techniken entstehen durch den Roll-Effekt bei Gestrick bei der Herstellung von Strickereischmuck, von Borten und Schmuckrändern und in der Kombination mit Strickereischnüren (Strickliesel).

Rolleffekt bei Gestrick

Gestrick aus rechten Maschen rollt sich an den Rändern ein. Diese Eigenschaft ist lästig beim Herstellen von Kleidungsstücken, kann aber bei gestaltender Strickarbeit ausgenützt werden. Gestrick dieser Art wirkt immer plastisch. Breite Lappen rollen sich zu Walzen und schmale zu Schläuchen zusammen. Noch stärker tritt dieser Rolleffekt bei gespanntem Gestrick auf.
Als Beispiel ist dieses Fabelwesen gestrickt worden. Es entstand in schmalen und breiten glatten Strickpartien, die auch gelegentlich gegeneinander gesetzt wurden. Beim Spannen zeigte sich der Rolleffekt in der reliefartigen Gestalt dieses Rüsseltiers. So könnte etwa eine Diwandecke, die plastischen Schmuck tragen soll, mit solchem Gestrick am unteren Rand ornamentiert werden. Welche Möglichkeiten in diesem Effekt außerdem für künstlerisches Gestalten reliefhafter Art liegen, zeigen auch die Überkreuzungen von Strickpartien, die noch eigens besprochen werden. Hierin liegt sogar eine Möglichkeit des abstrakten plastischen Gestaltens in großen Formaten. So könnten riesige Gestrickverspannungen beispielsweise als Kulissen verwendet werden. Auch die Wände von Restaurants, Musiksälen und dergleichen könnten solchen plastischen Wandschmuck erhalten.
Da es an dieser Stelle auch um die Verarbeitung von Gestrick zu Kleidungsstücken geht, wäre von Fall zu Fall zu überlegen, wie dieser Rolleffekt dekorativ zu nutzen ist. In den meisten Fällen ist er leider hinderlich. Er

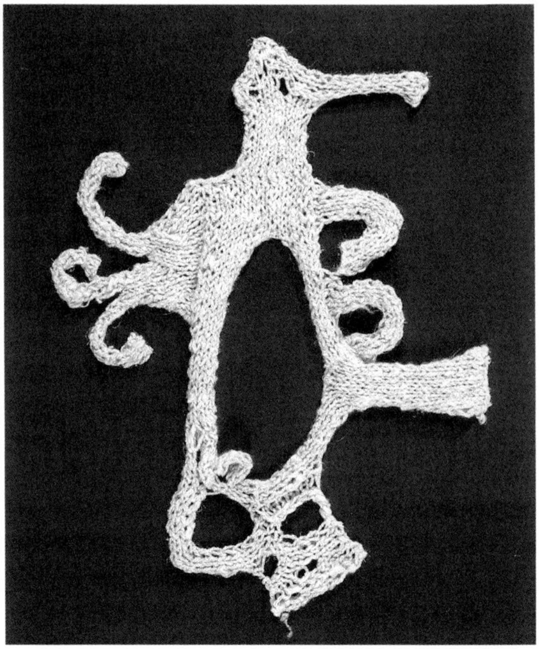

Die Rollwirkung von Gestrick kann bei Schmuckgegenständen, wie bei diesem elastischen Armreif aus gestricktem Lurex-Trikot ausgenützt werden.

kann aber aufgehoben werden, indem man an Strickereien, die aus rechten Maschen entstanden sind, einen Rand im Wechsel von rechten und linken Maschen strickt. Nützlich dagegen erweist sich der Rolleffekt bei der Herstellung von Strickereischmuck aus Lurex- oder Seidenmaterial, da er hier interessante Gestaltungsmöglichkeiten zuläßt, wie die Farbabbildungen auf Seite 75 eindrucksvoll bestätigen.

Gestrick-Überkreuzungen

Man hat sich daran gewöhnt, Gestrickteile isoliert zu sehen, und kann sich kaum vorstellen, daß Gestrick einen ganz besonderen Charakter bekommt, wenn es sich in plastischen Partien überkreuzt. Das zu erproben, ist einen Versuch wert.
Auf experimentellem Weg können mehrere Strickereien mit Spalten und Schlitzen und mit verschiedenen Auf- und Abnehmepar-

tien gestrickt werden. Dabei können zum Beispiel bandartige Auswüchse aus einem rund angelegten Gestrick kommen. Die einzelnen Teile dürfen ruhig in unterschiedlich gefärbtem Garn erarbeitet werden, so daß diese Strickpartien wie Bäumchen aussehen. Die verschiedenen Teile legt man nun in eine Reihenfolge, die plastische Ausdruckskraft und schöne rhythmische Bewegung verspricht.

Nach dieser Vorarbeit kann man versuchen, solche Strickereien ineinanderzufügen, um sie so zu einer großen Komposition zu vereinigen.

Die nebenstehende Abbildung soll demonstrieren, wie ein solcher Versuch im kleinen aussieht. Natürlich lassen sich diese Effekte auch großformatig auf Raumteiler, Gehänge und große Wanddekorationen anwenden. Wie aus der Abbildung ersichtlich, müssen die Teile schon beim Stricken in Länge, Breite und Dehnbarkeit dem Verwendungszweck angepaßt sein. Damit man sie überhaupt spannen kann, müssen sie zumindest auf zwei Seiten eine Leiste erhalten, an der sie befestigt werden können. Die ineinander verschränkten Teile werden in voller Dehnung zwischen diesen beiden Leisten befestigt und in verschiedene Konstellationen zueinander gebracht. Erst dann zeigen sie die Schönheit ihres Farb- und Formenspieles als rhythmische Komposition.

Zu den allgemeinen Gesetzen der Gestaltung kommen noch die *Spielregeln der modernen Kunst,* unter deren Einhaltung große figurale Kompositionen entstehen können, nicht nur solche von abstrakter Art. Dies freilich wäre gleichbedeutend mit einer ganz neuen, räumefüllenden Anwendung der Strickerei, die der Zukunft vorbehalten bleibt.

Schmuck aus Gestrick

So wie es Schmuck aus Makramee gibt, gibt es auch Schmuck in Gestrick. Nur ist dieser viel weniger bekannt.

Die Herstellung gestrickten Schmuckes ähnelt in etwa der von Strickborten. Die Technik ist im Grunde die gleiche, nur muß der Schmuck als freistehendes, plastisches Gebilde für sich wirken, während Strickborten als Randverzierungen von Kleidungsstükken, von Tischwäsche, Vorhängen, Taschen und dergleichen einer sorgfältigen Abstimmung auf den zu verzierenden Gegenstand bedürfen.

Wie Makrameeschmuck kann auch Strickschmuck aus kräftiger Hanfschnur oder bandartigen Materialien hergestellt werden. In kunststrickartige Gebilde können Perlen, mit Bohrungen versehene Steinchen oder Keramikstücke eingearbeitet werden. Sind diese Schmuckgebilde nicht steif genug, so können sie mit Sprühstärke oder gar mit Kaltleim gefestigt werden. Das gestrickte Stück wird auf einem Brett mit Stecknadeln in die gewünschte Form gespannt und dann mit Sprühstärke oder Kaltleim fixiert. Nach dem Trocknen hat es die Festigkeit, die richtiger Schmuck haben sollte. Auf diese Weise können Armreife und Halsketten gearbeitet werden. Soll dieser gestrickte Schmuck kostbar aussehen, so verwendet man Lurexfäden oder geschnittenen Lurex-Trikot. Der Entstehungsprozeß ist derselbe. Nur verwendet man zur Versteifung Klarlack oder Lackspray. Dadurch wird der Glanz eines Strickschmuckes noch erhöht. Es ist auch möglich, solche Gebilde mit Perlen zu verzieren, da diese sehr gut zu metallisch glänzendem Gestrick passen (Abb. S. 75).

Natürlich ist ein solcher Schmuck keine

große Kostbarkeit, aber er sieht am Hals oder am Arm von jungen Mädchen doch sehr hübsch aus.

Strickborten

Gestrick, das am Rande verziert werden soll, kann einen stilgerechten Schmuck durch eine gestrickte Borte erhalten.

Borten entstehen schon aus Anschlagmaschen, mit denen man ein Gestrick beginnt. Werden diese z. B. aus kräftigem Material, wie Leinenschnur oder Bändern von Lurex-Trikot gestrickt, so bilden sie bereits ein festes Gefüge. Sie bleiben in der gegebenen Form und lassen sich leicht auf einen Hintergrund aus Gestrick oder festem Stoff aufnähen.
Sollte die Borte etwas breiter sein, so kann

Breite Randverzierung. Ein zwölf Zentimeter breiter Streifen in Mohair-Gestrick wurde in seiner Struktur bis zu seinem unteren Rand von etwa 3 cm durch Fallenlassen der Maschen aufgelöst. Die breiter werdende obere Partie konnte in einer Zick-Zack-Anordnung auf einen Untergrund aus Gestrick gespannt und festgenäht werden. Auf diese Weise können gestrickte Kleidungsstücke sehr attraktiv bereichert werden.

Borte aus aprikotfarbiger Mohairwolle. Wenn man ein Band in gleicher Abfolge des Musters bis zum Rand-Ende strickt, ist es möglich, daß es durch Aufnähen ein verhältnismäßig gleichmäßiges Muster ergibt. So geschah es bei diesem spitzenartigen Gebilde, das als Borte aus aprikotfarbiger Wolle auf dünnen Wollstoff aufgesetzt wurde. In die freien Räume wurden kleine Steinchen gesetzt, die mit weißen Fäden überzogen wurden.

ein Strickband gefertigt werden, bei dem zu gleichen Abständen Maschen verändert werden. Wird dieses Gebilde exakt aufgenäht, so entsteht ebenfalls eine Randverzierung, die sehr hübsch aussieht.
Wer im Kunststricken erfahren ist, kann in dieser Technik Strickpartien herstellen, die als breite und schmale Borten für allerlei Gegenstände dienen können.
Eine Variation dieser Technik besteht im Aufnähen solchen Gestrickes auf passendes Material unter Dazwischensetzen von übernähten Steinchen und Perlen. So kann zum Beispiel eine Strickereiborte aus naturfarbenem Leinen mit Goldfäden aufgenäht und gleichmäßig überstickt werden, was ihr ein besonders kostbares Aussehen verleiht. Es könnten ebenso zwischen grobe Strickereiborten aus dickerem Leinen kleine Medaillons in Keramik gesetzt werden oder Glasperlen mit Borten in Seidenstrickarbeit abwechseln. Diese anspruchsvolle Art muß mit viel Geschmack ausgeführt werden, denn hier sind leicht Entgleisungen möglich. Sie eignet sich jedoch besonders zum Dekorieren von glänzenden Stoffen, da auf diese Weise der kostbare Charakter des Grundstoffes eine adäquate Ergänzung erfährt.

Verwendung der Strickhexe (»Strickliesel«)

Wenn Kinder das Stricken lernen sollen, bekommen sie einen Strickpilz mit vier an der oberen Öffnung eingeschlagenen Nägelchen, an denen die ersten Maschen befestigt werden. Das Kind lernt, die Fäden über diese Nägelchen zu ziehen und die Maschen darüberzuheben. Daraus wächst allmählich ein gestrickter Schlauch. Das Grundprinzip des Strickens ist damit erfüllt.
Die Strickhexe, die diesen Vorgang mechanisiert, erledigt diese Arbeit bedeutend schneller.
Man fragt sich, ob etwas mechanisch Hergestelltes, wie eine solche Strickschnur, überhaupt noch Gestaltungsmöglichkeiten zuläßt, aber die Phantasie schöpferischer Menschen weiß auch damit noch allerhand anzufangen. Denn Schnüre von schöner Farbe können weiter verstrickt oder verwebt werden, etwa zu Sitzkissen und *Decken*, die wegen ihrer fülligen Weichheit sehr angenehm sind.

Eine freie Art der Weitergestaltung von solchen Schnüren besteht in der *Ränderung von Decken*. Strickschnüre können sehr schöne Abschlüsse für handgestrickte Dekken bilden, vor allem, wenn sie aus demselben Material wie die Decke gearbeitet werden und dabei den Charakter der Decke als freigesetztes Ornament weiterführen.

Eine junge Künstlerin hat mit der Strickliesel diese formen- und farbenreichen Ornamente für eine Strickdecke entwickelt. In der melierten Wolle befinden sich die Farben Schwarz, Weiß und Rotbraun. Nun hat sie aus Garn dieser Farben und aus meliertem Garn der Decke verschieden lange Schnüre auf der Strickliesel hergestellt, so daß ein ganzes Sortiment großer und kleiner Stücke vorlag. So war es möglich, daß sie dann aus diesem Arbeitsmaterial das Ornament entwickeln konnte, indem sie es am Rande feststeckte, bis ein harmonisches Gleichgewicht hergestellt war. Mit Stickerei wurden diese Schnüre dann ineinandergearbeitet, in das Gestrick der Decke hineingeführt oder Stücke aus dem Gestrick in das Muster herausgeholt. So ist ein sehr abwechslungsreicher und in seinem Einfallsreichtum frappierender gestrickter Rand für diese Wolldecke entstanden, wobei alte Volkskunsttechniken aus nordischen Ländern als Anregung dienten.

Ikatstrickerei

Eine weitere, noch nicht bekannte Art des Strickens ist das Erzeugen von Ikatmustern durch verschieden eingefärbtes Garn.
Das Ikatweben ist eine orientalische Technik, die erst erklärt werden muß, um die

Kleines Gestrick aus roter Bouclé-Wolle mit gelbem Ikateffekt. Bei einer bestimmten Gestricksbreite zeigen sich Ombrée-Garne in Zick-Zack-Mustern. Es ist notwendig, aus dem Garn, das man verwenden möchte, erst eine Probe zu stricken, damit dieser Effekt auch für größere Stücke zu berechnen ist.

Übertragung dieser textilen Fertigungsart ins Stricken verständlich zu machen.
Bei dieser Technik entstehen Stoffe mit interessanten Musterungen. Während aber gemusterte Stoffe in der Regel durch Bedrukken oder Bemalen erzeugt werden, geht die Ornamentierung dieser Stoffe ganz anders vor sich. Nicht das fertige Gewebe wird in seiner Fläche durch das Aufsetzen der Farben verändert und bereichert, sondern die Fäden werden, bevor sie miteinander verwebt werden, auf gleiche Länge abgebunden und in auf das zu entwickelnde Muster berechneten Abschnitten eingefärbt. Sind die Bindungen nach dem Trocknen der eingefärbten Stränge gelöst, so ist Garn vorhanden, das partienweise verschiedene Farbe aufweist. Werden nun diese Garne in den Webrahmen eingeordnet und mit einem gleichfarbigen Schuß verbunden, so zeigt sich das geplante Muster als Ornament auf dem Stoff. Typisch für die Ikatwebarbeit sind verschwommene Grenzen, denn es ist unmöglich, die Fäden exakt entsprechend dem Verlauf des Musters einzulegen. Aber gerade dieser Effekt ist typisch

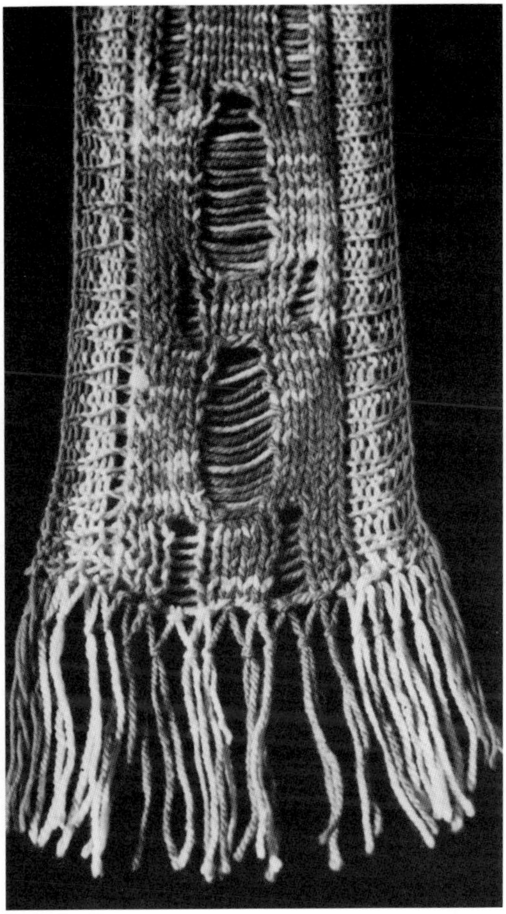

Schal in Kombination von Ikatstrickarbeit und Durchbruchsarbeit.

für echte Ikatwebarbeit und gehört zum besonderen Ausdruck dieser Technik.
Es ist nun zu fragen, ob es möglich ist, diese Technik des Ikatwebens auf die Strickerei zu übertragen, so daß vorgeplante Muster in Strickarbeit mit diesem typischen Randeffekt erzeugt werden können. Der Versuch ist gelungen. Bei handelsüblichem Ikatgarn ist das Material durch maschinelle Färbung in exakt gleiche Farbabschnitte eingeteilt. Strickt man nun mit diesem Material eine lange Strecke, so entsteht ein Muster von dünnen Streifen. Strickt man aber eine mittellange Strecke, so entstehen Streifen mittlerer Länge und Dicke. Strickt man dagegen ganz schmale Streifen, so zeigt sich die Abänderung des Farbtons in blockhaften Partien. An der zugehörigen Abbildung ist dieser Vorgang am leichtesten zu erklären: Die mittlere, mit glatten Maschen gestrickte Partie wurde in der Breite von etwa 20 Maschen angefangen, wobei sich durchgehende

schmale Streifen bildeten. Nun wurden diese 20 Maschen in zwei Teile von je 10 Maschen getrennt, wobei ein blockhafter Effekt der Farbgebung verursacht wird. Wechseln nun im gleichen Rhythmus die getrennten und die durchgehenden Partien miteinander ab, so erscheint bald ein Muster mit sich ständig wiederholendem Rapport. Beim Ikatstricken muß man natürlich immer wieder Proben machen, um die Wirkung des verschieden gefärbten Fadens zu prüfen und das Muster dadurch in den Griff zu bekommen. Auf der Abbildung sieht man, daß die Außenpartie genau auf den Wechsel der Farbteile innerhalb des Fadens berechnet ist, denn in der Mitte des dunkelsten Fadenteiles ist angefangen worden. Nach der hellen Partie folgt in der Mitte wieder eine dunkle, die abermals in eine helle übergeht. Dieser folgt wiederum eine dunkle Partie, in deren Mitte die Kehrtwendung in der zweiten Tour stattfindet. So ist der Randstreifen an beiden Seiten des gestrickten Lappens in an- und abschwellender Tönung zum Rande und zur Mitte hin durchzuführen.

Kissen in Ikatstrickarbeit. Fünf Stricklappen, die mit etappenweise gefärbtem Garn zu Dreiecken verstrickt und dann zu einer großen runden Fläche zusammengenäht worden sind, zeigen sich hier als sternförmiges Muster. Die Rückseite besteht aus einem kreisrunden Stricklappen gleicher Größe. Die Seitenflächen, die Rückseite und Kissenplatte miteinander verbinden, sind aus einem Band derselben Farbe und Struktur gestrickt. Dieses Beispiel zeigt, wie Ikatgestrick in Patchworktechnik verarbeitet werden kann, und wie auf diese Weise reiche Ornamente entstehen.

Pullover mit Kopftuch in Ikatstrickarbeit. Unter bewußter Ausnützung des Streifencharakters, den Wolle mit etappenweise unterschiedlicher Färbung beim Stricken erhält, ist dieser Pullover, dann auch der Kopfschal gefertigt worden. Im Hintergrund sieht man einen Ausschnitt aus einem Paravent mit plastisch aufgesetzten Gestrickteilen.

Wenn man einfarbiges Garn in den Tönungen dieses Ikatgarnes besitzt, möglichst in gleicher Stärke und Qualität, so ist es noch leichter, Ikatmuster herzustellen, da man einfarbige Partien gegen gestreifte absetzen kann. So ist es möglich, in große einfarbige gestrickte Farbfelder gestreifte Strickpartien in Ikattechnik einzubauen oder zwischen Streifen in Ikatgestrick große Quer- oder Längsstreifen von einfarbigem Garn einzulegen, wobei der Phantasie keine Grenzen gesetzt sind.

Bei sehr genauem Stricken entstehen auch auf großen Flächen bei genauer Einhaltung der Maschenzahl (etwa 70) über größere Strickteile hinweg gleiche Muster wie Streifen mit Zackenbändern, Zick-Zack-Bänder, Rauten usw.

Jedes Ikatgarn gibt beim Verstricken in gleichmäßiger Breite ganz bestimmte Muster, die bei Änderung der Maschenzahl wechseln. Hier gilt es zu probieren, und gerade darin liegt ein anregendes und schöpferisches Spiel mit dem Material. Dies ist auch unbedingt notwendig, bevor man an die Fertigung von Gegenständen in dieser Technik, wie Röcke, Schals und Pullover, geht.

Patchwork aus Gestrick

Viele Strickmuster lassen sich nicht anders herstellen als durch das Zusammennähen verschiedener Teile im Sinne der Applikationsarbeit. Beginnen wir gleich mit einer Variation des Ikatstrickens, um die dieser

Halsschmuck aus Strick-Plissée mit Ikateffekten. Drei schmale Streifen aus Ikatgarn wurden gestrickt und miteinander in Querrichtung durch dunkle Streifen verbunden. Die beiden äußeren Ränder erhielten Abschlüsse aus Ikatgarn, wobei eine Gegenrichtung des Streifenmusters entstand. Eine Rolle aus dem dunklen Garn schließt nach unten ab. Dieser etwas ungewöhnliche Halsschmuck kann auch als Manteleinsatz anstelle eines Schals dienen.

Plaid in Strickerei-Patchwork, als Umhang verwendet. Quadratische Stricklappen in gut aufeinander abgestimmten Farben, an ihren Kanten zusammengehäkelt. Dadurch entsteht eine weiche Decke, die sich gut als Mantel oder Fernsehdecke verwenden läßt. Die einzelnen Felder sind sehr locker, z. T. aus melierten Wollgarnen gleicher Dicke gestrickt. Die Farbskala bewegt sich nur in kalten Tönen, wodurch diese Harmonie erreicht worden ist.

innewohnenden Möglichkeiten für Patchworkarbeiten zu ergründen.
Für ein Plaid werden Strickelemente aus Ikatgarn gestrickt, etwa Dreiecke oder Quadrate. In den Farben des Ikatgarnes können dabei auch einfarbige Teile gestrickt werden, denn das Muster soll ja sehr abwechslungsreich werden.
Besondere Beachtung kommt dabei den Randmaschen zu, da nur saubere Ränder später exakt zusammengenäht werden können. Dabei spielt die Koordination der Randma-

Geometrische Musterungen sind z. Z. bei Strickgegenständen in Mode. So paßt der schon beschriebene diagonal gestrickte Rock in braunen und okkerfarbenen Tönen sehr gut zum Oberteil dieses Ensembles.

Hier ist der untere Rand dieses Rockes in Diagonalstrickerei zu sehen. Er ist mit linken und rechten Maschen im Wechsel gestrickt und legt sich dadurch glatt und dehnbar als unterer Abschluß dem Rock an.

schen zueinander eine wichtige Rolle, denn Stücke aus dünner Wolle haben auf gleicher Länge mehr Randmaschen als solche aus dicker. Problemlos ist die Herstellung einer Patchworkdecke bei Verwendung einheitlich dicker Wolle.
Sind die Randmaschen sauber gestrickt, so bereitet das *Zusammennähen* keine Schwierigkeiten. Dann entstehen auch saubere Übergänge von Stück zu Stück.
Auf diese Weise können interessante Kissenhüllen, Überwürfe, Autodecken, Wandbespannungen und dergleichen entstehen. Wie immer ist besonders darauf zu achten, daß die Farben des verwendeten Materials zueinanderpassen, und daß in Struktur und Abstimmung der einzelnen Teile die bestmögliche Harmonie erreicht wird. Nur dann sind diese Gegenstände künstlerisch wertvoll.
Gerade in der erwähnten Ikattechnik lassen sich in Kombination mit Patchwork interessante Gegenstände entwickeln. Es ist bereits beschrieben worden, wie die Verwendung verschiedener Breiten des Strickbandes das Farbmuster einer Ikatstrickerei bestimmt, und wie man diese Muster durch Veränderung der Breite dieses Strickstreifens variieren kann. Das läßt sich auf Patchwork übertragen, indem man für eine Decke Streifen verschiedener Breite, möglichst bei gleicher Garndicke, strickt. Dabei wird sich das Muster teils in langgezogenen Linien, teils in kleinen Würfeln zeigen, in ganz breiten Streifen sogar als Treppen und Rauten. Nun ist zusätzlich noch eine Kombination mit einfarbigen Streifenstücken zu empfehlen, und schließlich sind nur noch die Randmaschen auf der Rückseite zusammenzunähen.
Eine sehr brauchbare und durchaus wirtschaftliche Variante dieser Patchworktechnik besteht im Zerschneiden abgelegter Pul-

Ausschnitt aus einem Teppich in Gestrick-Applikation. Über einen Grund aus grobgewebtem Möbelstoff wurden in Patchworktechnik grobmaschige Gestrickteile gruppiert und festgenäht. Die Farbskala ist sehr dezent, denn die Arbeit enthält nur die Farben Braun, Schwarz und Beige und Olive.

lover und Jacken, Strümpfe und Decken zu gleich großen Einzelelementen, die mit der Maschine von rückwärts zusammengenäht werden. Um unnötige Spannungen, Ausbeulungen und häßliche Nahtstellen zu vermeiden, sollen alle Stücke möglichst aus gleichartigem Gestrick geschnitten und in senkrechter Maschenrichtung verwendet werden. Auch wenn man Rauten schneidet, ist diese Regel zu beachten. Nur sollen in diesem Fall die Ränder eher straff als zu weit und zu locker genäht werden, da sie sich bei der Rautentechnik leicht verziehen.
Nach den überkommenen Patchworkregeln können Teile einer bestimmten Grundform in regelmäßigem Wechsel mit ebensolchen in einem bestimmten Vergrößerungs- oder Verkleinerungsverhältnis kombiniert werden, etwa:

$1 + \frac{1}{2} + 1 + 1 + \frac{1}{2}$
oder $1 + 4 \times \frac{1}{4} + 1 + 4 \times \frac{1}{4} + 1$
oder $1 + (3 \times 1) + 1 + (3 \times 1) + 1 + (3 \times 1)$

Schmuck aus dicken Lurex-Bändern. Meterware in Lurex-Trikot ist zu breiten Bändern geschnitten und dann verstrickt worden. Das massive, goldglänzende Gestrick rollt sich mit seiner glatten Seite nach innen und ergibt dadurch einen Wulst. Dieser kann an seinen Enden mit ein paar Hilfsstichen zusammengezogen werden. Er erhält außerdem ein Lurex-Halsband und zusätzliche Ornamente aus gerollten und geknoteten Lurex-Bändern. Zu beachten ist, daß diese Bänder quer gegen die Strickrichtung geschnitten und daß sie vor dem Stricken in die Länge gezogen werden sollen.

Schmuckkette aus massivem Lurexgestrick.

Matten und Läufer aus gestrickten Trikotstreifen. Der grüne Läufer ist aus Material in verschiedenen Grüntönen durchwegs rechts gestrickt worden. Die Matte wurde auf der Vorderseite in rechten und auf der Rückseite in linken Maschen gestrickt.

Matte aus gewebten Strickereischläuchen. Die Strickhexe erzeugt solche Schläuche verhältnismäßig schnell. Werden sie miteinander verwebt, so entstehen sehr weiche und schöne Matten mit Karomuster.

Über eine Scheibe aus getönten Metallteilen ist aufgelöstes Gestrick so appliziert worden, daß es mit den Fugen zwischen den Metallteilen übereinstimmt.

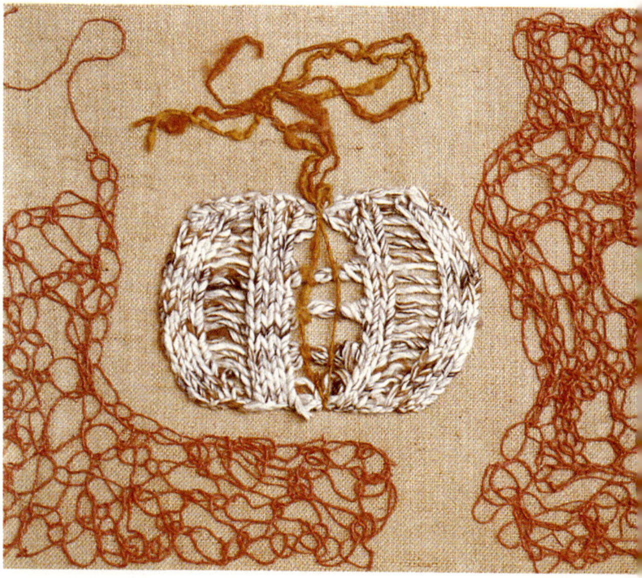

Dieses Stilleben mit einem Kürbis besteht aus appliziertem, aufgelöstem Gestrick.

Hier sind beliebige Variationen denkbar. Sie haben nur darin ihre Grenzen, daß Gestrick viel dehnbarer ist als Stoff, und daß eine saubere Randverarbeitung daher schwieriger ist.

Schultertuch aus Strickerei-Patchwork

In der Strickschachtel sind verschiedene Experimentierreste aus Struktur- und Ikatgarn zurückgeblieben, die interessante Musterungen und Farbspiele aufweisen.
Aus diesen Resten kann ein hübsches Halstuch mit Fransen entstehen, wie die Abbildungen zeigen. Hier wurden diese Reste, wie sie vom äußeren Rand her zueinanderpaßten, aneinandergenäht und durch einige neugestrickte Partien farblich und formal ergänzt. Sehr wichtig war dabei das fugenlose Ineinandergreifen der Einzelelemente, ob es nun Dreiecke, Rechtecke, Quadrate oder Rauten waren. Wo sich irgendeine Lücke zeigte, konnte dieser Zwickel oder diese Leerstelle mit Gestrick geschlossen werden. Etwas Stickarbeit verband noch vollends farbig die Teile miteinander.
Mit Absicht wurde als Format des Tuches ein großes Viereck gewählt, denn ein solches

Vierecktuch aus Mohairgarn. Dieses Tuch ist aus verschiedenen längs-und querlaufenden Strickpartien zusammengesetzt. Die längslaufenden Partien aus orangefarbener Mohairwolle sind durch Herablassen der Maschen noch weiter gelockert worden, so daß ein flauschiges, weiches Tuch entstanden ist. Rechts: Ausschnitt daraus.

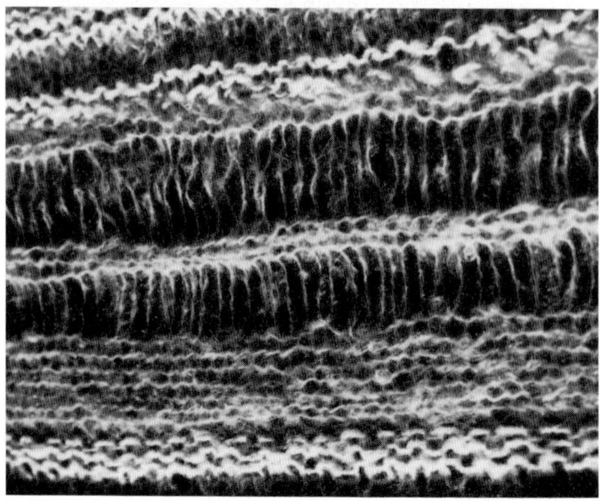

Tuch läßt sich am besten über die Schultern schlagen. Den eigentlichen Schwung erhielt das Tuch durch die reichliche Fransenbesetzung, die einen guten Sitz und einen schönen Fall gewährleistet.

Dieses Schultertuch ist vorn in rechten und hinten in linken Maschen gestrickt. Nach zehn Touren wird jeweils eine Tour mit einer sehr dicken Nadel eingelegt. Nach der Fertigstellung läßt man jede fünfte Masche fallen, so daß in gleichen Abständen senkrechte Lochstreifen entstehen. Dabei weitet sich die Breite des Tuches um den fünften Teil. Es nimmt dadurch einen sehr anschmiegsamen, weichen Charakter an. Dieser wird noch ergänzt durch sehr sorgfältig geknüpfte lange Fransen.

Stricken von Mänteln und Pullovern

Nachdem schon in vorangegangenen Kapiteln auf die Bereicherung von Kleidungsstücken mit verfremdetem Gestrick eingegangen wurde, werden nunmehr Vorschläge gegeben, wie schöne Textilien in moderner Form und Farbgebung gestrickt werden können. Auch hier kommt es eher auf Inspiration als auf Imitation an.

Gestrickter Wollmantel. Aus weichem Mohairmaterial ist dieser gestrickte Wintermantel gearbeitet. Der Entwurf ist über alle Teile des Schnittes hinweg als durchgehende Komposition farbig gestaltet. Die Farben sind Beige, Stahlblau, Erika, Grau, Weiß und Schwarz (vgl. Farbabb. S. 93). Die Musterung des Mantels bekam dank eines sorgfältigen Entwurfes eine große Einheitlichkeit und Dichte. Es gelang sogar, den Schnitt des Mantels durch diese Farbgebung zu betonen. Die Strickarbeit wurde mit Nadeln und Wollgarn mittlerer Stärke ausgeführt, so daß sie weder zu locker noch zu fest ist und eine gute Paßform aufweist. Bei den meisten gestrickten Mänteln werden schon bei dieser Grundbedingung Fehler gemacht. Das Einrollen der Ränder wurde dadurch vermieden, daß ein breiter links-rechts-gestrickter Streifen den gesamten Mantel umgibt. Auch der Kragen wurde auf diese Art gestrickt. Er hebt sich dadurch sehr gut ab und kann auch nach oben geschlagen werden, ohne zurückzuklappen. Dieser Mantel ist sowohl in seiner künstlerischen Konzeption als auch in seiner schnittechnischen Ausführung so gut gelungen, daß er vorbildlich für Kleidungsstücke dieser Art sein kann. Er trägt auch unverkennbar persönlichen Charakter und ist als Einzelstück wertvoller als jede Konfektionsware.

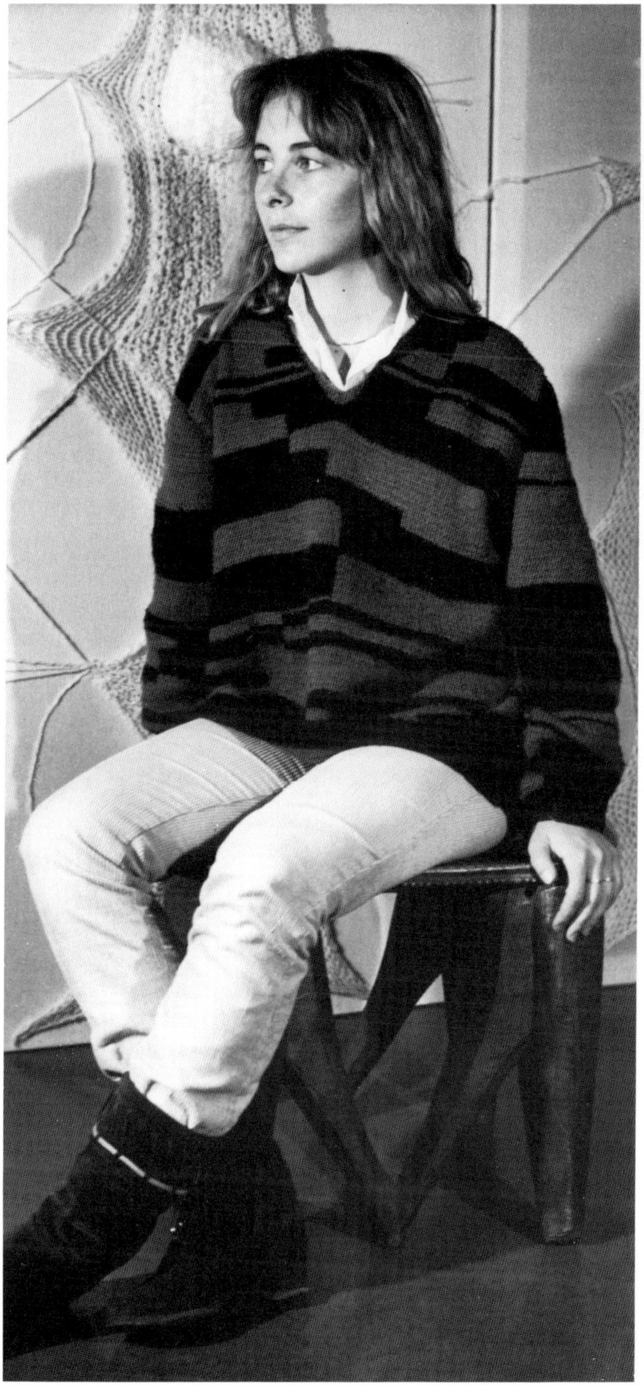

Jacke mit Schultertuch. Diese Jacke ist in einem einfachen Streifenmuster in blauen und rötlichen Tönen gestrickt worden. Die Ärmel sind eingesetzt.

Links: Gestrickter Pullover in schwarzer und moosgrüner Wolle. Dem heutigen Trend entsprechend sind geometrische Formen bei der Gestaltung dieses Pullovers verwendet worden. Beide Farben stehen im Gleichgewicht. Sie durchdringen sich aber in langen und kurzen, dikken und dünnen Streifen und zeigen daher die Fähigkeit der Strickerin, mit den Möglichkeiten der modernen Kunst auch auf dem Bereich der Bekleidung umzugehen.

Pullover in Baumwolle und Mohair. Genopptes Baumwollgarn in einem feinen Grauton ist beim Stricken dieses eleganten Pullovers verwendet worden. Die Ärmel sind gerafft eingesetzt worden. Besonders apart ist das eingestrickte Blattmuster aus flauschigem Mohairgarn, das diagonal am Rücken angebracht ist.

Saloppe Jacke, gestrickt aus weicher Mohairwolle. In einem sehr einfachen Schnitt ist diese Jacke in blauen, rosa und schwarzen Streifen erarbeitet worden. Die Ärmel sind angestrickt und haben in gleicher Weise wie Vorder- und Rückenteil die Streifen eingestrickt bekommen. Die Weichheit des Materials garantiert einen tadellosen Fall. Schnitt und Farben bilden eine vollkommene Einheit. Sie passen zum Typ des Mädchens.

Alte Schnitte – neu verwendet

Der in den letzten Jahren anhaltende Trend zur Nostalgie verliert an Boden. Heute liebt man eher Naturmaterialien rustikaler Art, bei denen man noch die Herkunft spürt, z. B. handgesponnene und handgefärbte Schafwolle, Naturseide und Leder. Diese Tendenz zum Naturhaften verbindet sich mit der Suche nach alten Techniken, Mustern und Schnitten.

Wie gut diese Jacken nach alten Schnitten sitzen, kann man hier sehen. Diese oben beschriebene Jacke ist nicht nur sehr warm, sie sieht auch außerordentlich apart aus in der Art, wie sich die Falten bilden. Hier ist ein Randgebiet zur Kunst des Webens hin beschritten.

Seit einigen Jahren sind beispielsweise Pullover und Jacken in einfachster Schnittform beliebt geworden. Man trägt sie weit und salopp. So müssen sie sich nicht der Körperform anpassen, sondern umspielen in weichen Falten den Körper.

Dieser schlichte Grundschnitt sollte nicht mit floralen Ornamenten besetzt werden, selbst wenn diese klein und dezent sind. Am besten wirkt er in geometrischer Unterteilung, wie die folgenden Skizzen zeigen.

Entsprechend diesem Grundschnitt von Pullover und Jacke kann auch ein Mantel gearbeitet werden.

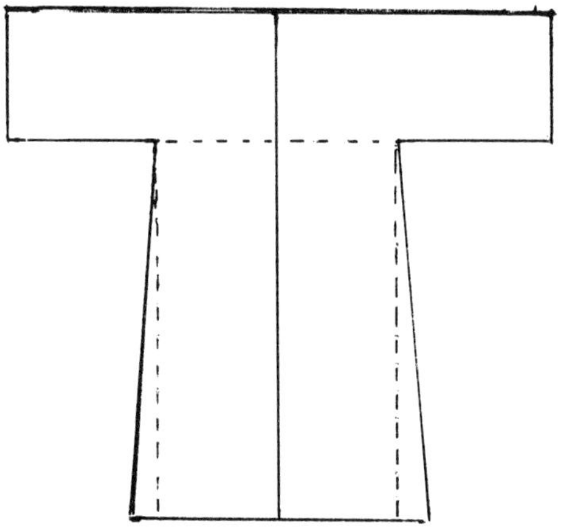

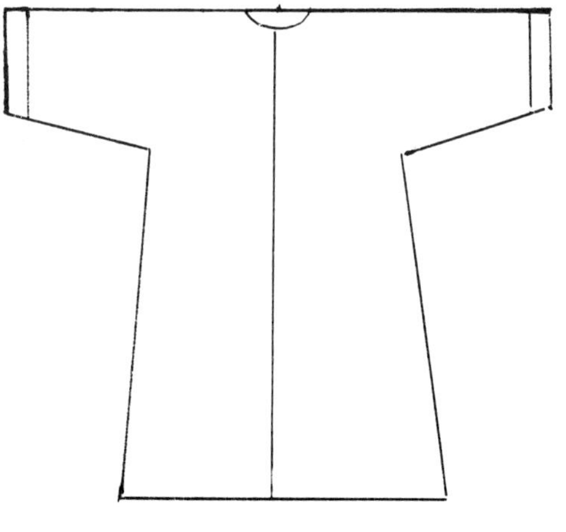

Eine andere Mantelform hat sich aus dem Poncho entwickelt, der im Volksmund »Kotze« genannt wird. Bei beiden kann ein Kreis (Cappa) oder ein großes Oval den Grundschnitt bilden. Derartige Schnitte findet man bei allen Hirtenvölkern der Erde.

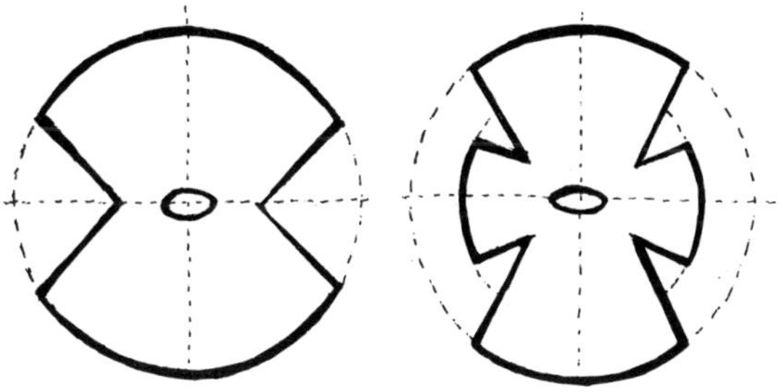

Als einfachste Bekleidungsform, die vor den Unbilden der Witterung schützt, ist sie entwickelt worden. Sie sieht sehr gut in Strickarbeit aus und kann durch Strickmuster zusätzlich bereichert werden.

Viele alte Schnitte für schöne Strickgegenstände lassen sich aus den beiden Büchern »Handweben – Individuelle Kleidung« von Catherine Gourlat, Christophorus-Verlag, Freiburg im Breisgau und »Oltidsdragtnutidstøj« von Inge Bjørn, Rhodos-Verlag entnehmen.

Beide Bücher beziehen sich zwar hauptsächlich auf das Weben, aber die historischen Schnitte, die sie bringen, sind sehr gut auch auf das Stricken anzuwenden.

Trachtenkotze in bäuerlicher Art. Aus einem quadratischen Stück Maschinenstrickstoffes olivgrüner Farbe ist diese einfache bäuerliche Kotze geschnitten und mit einem dunklen Gestrickrand eingesäumt worden. Zwei dreieckförmige Strickereien aus Ombrée-Tweed mit grauer und aprikotfarbener Tönung wurden an den Ecken des Vorder- und Rückenteils angebracht. Als Ergänzung wurde dunkles Gestrick der gleichen Farbe, die auch die Umrandung hat, oberhalb dieses Schmuckteiles angebracht, natürlich in Gestrickverfremdung. Mit Absicht wurden in einige Öffnungen der hellen Gestrickborte dunkle Ringe gesetzt und jeweils in die Mitte der dunklen Gestrickspartien ein heller Ring. Dieser gestrickte Umhang soll Anregung für das Neugestalten von Trachtenkleidung in moderner Art bieten.

Komposition und Farbeinteilung

Gegenwärtig ist es sehr modern, Röcke, Jakken und Pullover in geometrischer Farbeinteilung zu entwickeln. Dabei gibt es drei Grundprinzipien:

1. Die Betonung der senkrechten Richtung durch Anordnung der Strickpassagen in vertikalen Farbpartien, die rhythmisch aneinander gereiht sind (bewirkt Streckung).
2. Die Betonung der waagrechten Richtung durch Aneinanderreihen von horizontal gelagerten Farbpartien (bedeutet Stauung).
3. Die Betonung der Diagonalrichtung durch Anordnung der Strickereipassagen in der Schräge. Hier könnte leicht beim Wech-

sel der Farben und Strukturen der Charakter des »Auseinandergleitens« entstehen.

4. Das Durchdringen von zwei oder gar drei dieser Prinzipien, wodurch die Musterung reichhaltig und interessant werden kann. Kombiniert man das senkrechte mit dem waagrechten Element, so entstehen Karomuster, die sich in großen und kleinen Flächen ablösen können.

Kombiniert man das diagonale Element in den zwei gegensätzlichen Richtungen, so entstehen Rauten, die ebenfalls in großen und kleinen Formaten nebeneinander stehen oder einem ruhigen Grund eingebaut werden können.

So kann sich auch das vertikale und das horizontale Element mit dem diagonalen verbinden, wodurch besonders bewegte und reiche Kompositionen entstehen können. Bei allen Gruppierungen dieser Art ist darauf zu achten, daß starke Bewegung wieder in Ruhe abebben kann und daß harte Kontraste wieder aufgelöst werden müssen, sonst wirkt ein solches Kleidungsstück unruhig.

Es lohnt sich, einen Pullover linear und farbig auf Papier zu entwerfen und eine Strickprobe zu machen, bevor man an die Ausführung geht. Gerade gewagte Kompositionen müssen gut durchdacht sein. Sie sollen den guten, nicht den schlechten Geschmack des Trägers offenbaren. Außerdem gibt es bei der Verwendung verschiedener Garne zusätzlich große Probleme. Wenn sie nicht von der gleichen Sorte oder gar vom gleichen Fabrikat sind, können sie starke Unterschiede in Dicke, Struktur und Drall haben, so daß nur eine Strickprobe solche Unregelmäßigkeiten offenbaren kann. Mit ihrer Hilfe kann auch das Verhältnis von solchen unterschiedlichen Spannungselementen genau nach Maschenzahl und Länge berechnet werden, so daß sich später bei der Fertigstellung des Gegenstandes keine unangenehmen Überraschungen ergeben.

Stricken von Puppen und Spieltieren

Für die Herstellung von Puppen und Spieltieren gelten die gleichen Regeln wie für das Stricken von Kleidungsstücken. Auch hier muß auf ursprüngliche Strickformen und bewährte alte Grundkonzeptionen zurückgegriffen werden.

Gestrickte Puppen

Die handelsüblichen, maschinell hergestellten Puppen eignen sich kaum noch zu phantasievollem Spiel. Sie sind meist auf den Geschmack Erwachsener zugeschnitten, für die

Aus Stoffresten erarbeitete Püppchen aus Peru. Da die Sparsamkeit in der Verwendung der Mittel auch ein Grundsatz der modernen Gestaltung ist, können diese Puppen als Vorbilder dienen.

Urformen der Puppe

Puppe in Strickarbeit. In einfachster Strickweise ist dieses Püppchen entstanden. Schuhe, Strümpfchen und Ärmchen sind an den Balg genäht. Bauch und Kopf dagegen wurden in einem Stück gestrickt. Schließlich wurden Röckchen und Oberteil des Kleides darübergenäht. Eine Frisur aus Wolle und zwei lustige Knopfaugen geben der Puppe einen pfiffigen Ausdruck.

ihre optische und mechanische Perfektion einen Kaufanreiz darstellt, während die Bedürfnisse eines Kindes unberücksichtigt bleiben.

Gerade kleinere Kinder lieben nämlich einfache Spielsachen mehr als komplizierte. Solche unscheinbaren, selbstgemachten Puppen sind ihnen oft ans Herz gewachsen, weil sie mit diesen schöpferisch umgehen, sie benützen können. Denn benützen heißt für ein Kind, sie füttern, küssen, waschen, in

Afrikanische Textilpuppen, die für Strickpuppen anregend sein können.

den Schmutz werfen, schlagen, treten, wieder hervorholen, mit ins Bett nehmen und ihnen alles erzählen, vielleicht sogar den eigenen Kummer vor der Puppe ausweinen zu können. Für diese Rolle eines benützbaren, geduldigen Geschöpfes ist nun einmal eine primitive Puppe besser geeignet als eine perfekte. Kleineren Kindern ist nicht so sehr daran gelegen, eine Puppe zu besitzen, die durch Aufziehen in der Lage ist, Worte zu plappern, ein paar Schritte zu gehen oder gar ein Fläschchen auszutrinken und Pipi zu machen, als einen geduldigen Gefährten für die vielen Stationen des eigenen Lebens zu haben.

Gestrickte Puppen sind unter den selbstgebastelten Spielsachen die Favoriten, denn sie sind wegen ihrer Weichheit und ihrer hohen

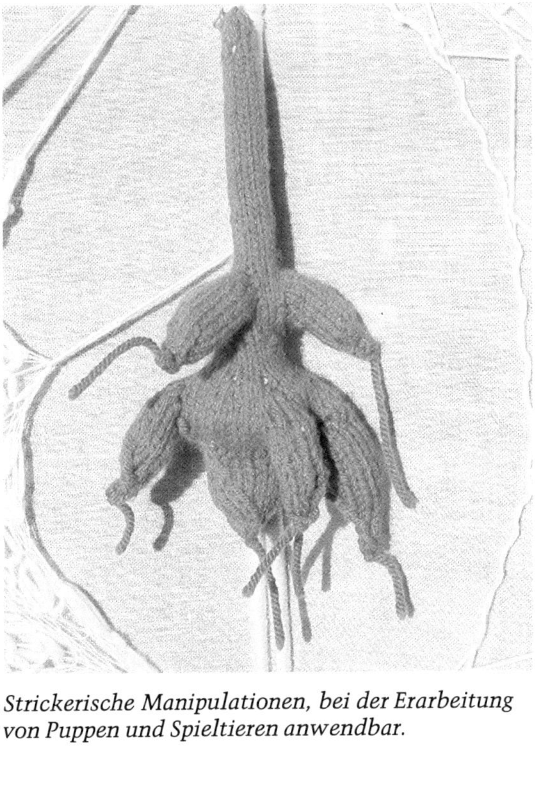

Strickerische Manipulationen, bei der Erarbeitung von Puppen und Spieltieren anwendbar.

Einfache Puppenformen sind hier zu einer Komposition verbunden, die in einen Rahmen gespannt ist. Ein Gestaltungsmittel ist das Gegeneinandersetzen der gleichen Grundform in verschiedenen Formaten. Das Material ist lurexdurchwirktes Strickgarn.

Strapazierfähigkeit den Anforderungen des rauhen Spielbetriebs am besten gewachsen. Gestrickte Puppen sind außerdem schnell und billig zu machen, gibt es doch in fast allen Haushalten bunte Strick- und Wollreste, die man dafür verwenden kann.

So ist etwa der Balg einer Puppe viel schneller gestrickt als aus Stoff genäht, denn die Rundungen eines solchen Puppenkörpers sind beim Nähen viel schwerer herzustellen als beim Stricken. Wie schnell läßt sich doch auf- und abnehmen, um eine Form abzuwandeln, wie schwer ist es dagegen, mit Hilfe komplizierter Schnitte eine solche Rundung zu nähen. Man könnte höchstens Trikot verwenden, der freilich bereits ein Strickprodukt ist. Leichter als bei glattem, festem Stoff wäre immerhin die näherische Erarbeitung eines Puppenkörpers aus schon gebrauchtem, abgelegtem Strickstoff, etwa aus einem alten Pullover, den man zerschneidet. Dieses Material hat die gleiche Dehnfähigkeit wie Handgestricktes. Am praktischsten aber ist das Stricken, und deshalb soll hier nur diese Methode in ihren vielen Möglichkeiten erörtert werden.

Das einfachste ist es, einen Schlauch, der unten gespalten ist, als Balg zu stricken. Die beiden unteren Teile werden zu Beinen zusammengenäht, während die Walze nach oben zum Kopf verjüngt zusammengenäht wird. Eine Perücke aus Wollfäden, die aufgelöst sein können, verdeckt diese »Narbe«. Die Augen werden in den oberen Teil, der als Kopf dienen soll, gestickt. Ein Bündelchen oder gar ein Perlenschnürchen bilden Halsschmuck und Schnürung zur Schulter hin. Kleidchen können darüber gesteckt werden, und schon ist ein einfaches Puppenkind fertig. Die fehlenden Arme werden von den meisten Kindern kaum vermißt.

Die Mexikanerin

In Mittelamerika spart man nicht an den Farben. So prächtig wie die Kleidung der Menschen sind dort auch die Puppen. Aber auch der Europäer kann diese kräftigen Töne in ihrer Kombination als schön empfinden. Diese gestrickte mexikanische Puppe, die zwei Kinder an der Hand führt (vgl. Farbbild S. 111), ist nicht nur ein Beispiel schöner Volkskunst, sondern stellt auch eine Puppenform dar, die in ihrer Einfachheit immer wieder anregend für modernes Gestalten von Strickpuppen ist.

Im Grundprinzip ist sie von Fuß bis zum Kopf in der gleichen Weise wie die auf der folgenden Seite 95 beschriebene Dekorationspuppe gearbeitet worden. Sehr sparsam sind Augen, Mund und Nase aufgestickt worden, was dem abstrakten Charakter durchaus entspricht. Die rote Mütze ist aus der Strickarbeit des Körpers entwickelt, also nicht eigens aufgesetzt worden. Das prächtige, handgestrickte Kleid mit dem Lamamuster ergänzt die Gestalt dieser Puppe aufs beste. Gut macht sich auch der weitgestrickte, in weichen Wellen fallende Kragen, der grün besetzt ist.

Die Kinder sind in einem Stück gearbeitet und gleich an den Händen der Mutter fixiert, als ob diese die beiden an der Hand führen würde. Man sieht genau, wie die beiden kleinen Püppchen von unten bis oben durchgehend gestrickt wurden. Durch den Wechsel der Farben werden Füßchen, Höschen, Pullover, Gesicht und Mütze angedeutet, wobei das kleine Mädchen statt einem Höschen einen Rock trägt.

Für Kinder ist bei einer Spielpuppe nicht mehr an Beigaben notwendig. Dieser Grad der Differenzierung genügt. Es ist sogar eher nachteilig, bei gestrickten Puppen mehr Aufwand zu treiben als bei der hübschen Mexikanerin.

Kegelpuppe

Eine Kegelpuppe ist die einfachste Art, eine Puppe zu stricken. Sie wird von Fuß bis Kopf in einem Zug gearbeitet. Das Grundprinzip

Bild ganz oben: In einem Stück gestrickter Pullover aus roter und blauer Mohairwolle. Bild oben: Geometrisierend eingesetzte Querstreifen bei einem Pullover in Raglanschnitt.

Rückenansicht des auf Seite 80 beschriebenen Strickmantels. Diese Sicht erlaubt einen Überblick über das Gesamtmuster, das entsprechend den Regeln der modernen Kontrastlehre komponiert wurde.

der Puppe ist ein Mantel, der als ein durchgehender Schlauch gestrickt wird. In diesem Fall hat er nach oben eine Erweiterung erfahren, die den Kopf darstellt. Die Arme sind angestrickt. Sie sind in den Körper eingearbeitet, nicht aufgesetzt. Das Gesicht ist mit verschiedenen Nähstichen modelliert worden. Anschließend wurden die Gesichtszüge mit Wolle aufgestickt. Als einzige Beigabe hat diese Puppe ein Mützchen bekommen, das die kleine Komposition farblich abrundet. Der untere Teil der Puppe, der einen Rock andeutet, ist mit Ikatgarn gestrickt, das ohnehin Musterungen ergibt, ebenso die Ärmelpartie. Auf diese Weise hat das Spielzeug nach Farbe und Komposition einen sehr einheitlichen Charakter. Es entspricht jenen primitiven Spielsachen, wie man sie in den verschiedensten Materialien bei primitiven Kulturen findet. Denn diese Form läßt der Phantasie den meisten Raum und ist am entwicklungsfähigsten. In ihrer schlichten Grundgestalt läßt sie viele Ergänzungen zu, läßt sich aber nicht mehr weiter vereinfachen. So gibt sie immer Anregung zu eigenschöpferischer Beschäftigung.

Dekorationspuppe

Früher war es Brauch, auf das Sofa zwischen die Kissen eine hübsche Puppe zu setzen. Heute ist man etwas davon abgekommen. Trotzdem kann es in vielen Fällen sehr passend sein, eine schöne gestrickte Puppe zur Dekoration einer Sofaecke zu verwenden.

Bei der hier gezeigten Puppe ist die Machart sehr einfach. Sie ist von unten nach oben in einem Stück gestrickt. Um ihr einen »abstrakten Charakter« zu verleihen, wurde die Farbgebung gegenüber den natürlichen Tönen bewußt verfremdet, denn Violett sollte nicht Haut andeuten, sondern lediglich eine harmonische Farbergänzung zum blaugrünen Rock ergeben. Die Frisur ist aus einem Strang schwarzer Wolle geformt und nach dem Verknoten auf den Kopf aufgenäht worden. Auf Augen und Mund wurde verzichtet,

Links: Dieser Pullover ist in einem Zug von der rechten bis zur linken Ärmelstulpe gestrickt worden. Das Material ist Noppengarn aus Baumwolle in einer kalten Farbskala. Zwischen Partien von etwa 5 cm ist jeweils ein dunkler Garnstreifen, der in der Mitte eine Strickpartie mit Bändchen trägt, gestrickt worden. Die diagonalen Farbansätze machen den Pullover interessant. Die senkrechten und schrägen Formelemente durchdringen sich, so wie die glatten mit den plastischen Partien abwechseln.

um der Puppe modischen Charakter zu verleihen.

Bei der Herstellung wurde mit den Beinen begonnen, die im Schritt zusammengestrickt wurden. Das dadurch entstehende größere Volumen beider Beine entspricht der Balgweite. Der Leib wurde in dieser Breite nach oben bis zum Hals gestrickt. Durch Abnehmen wurde der Hals zur schmalen Säule geformt, die den kleinen ovalen Kopf trägt.

Die Arme sind wie die Daumen eines Handschuhs an den seitlichen Schulteröffnungen in einem helleren Violett angestrickt worden. Auf weitere Ausformung der Hände wurde verzichtet. Die »Sparsamkeit« in der Ausstattung ist in diesem Fall ein Kunstmittel.

Schattenfiguren

Vier Gebiete des Puppenbaues lassen sich mit Gestrick bestreiten; nämlich das der Schattenfiguren in Anlehnung an das Szetschuan-Schattenspiel, der Handspielpuppen, die man über die Finger stülpt, der Stabspielpuppen, die an Stäben zu führen sind und der Marionetten.

Wer die großartige Spielweise der Schattenfiguren kennt, der weiß, daß gerade für diese Figuren die Strickerei in Spitzentechnik sehr ergiebig ist. Man kann zum Beispiel die Figurenteile als verschiedenförmige Lappen in Kunststrickerei stricken, in denen bereits die Gesichtszüge, die Musterungen der Kleidung, die Glieder vorbereitet werden. Immer muß der Lappen etwas kleiner als die vorgesehene Umrißform sein, denn er wird in diese hineingespannt und dabei auf ein größeres Format gedehnt. Durch das Spannen wird sich die Musterung der Kleidung exakt entfalten, werden Augen, Nasen und Mund klar hervortreten. Wenn es nötig ist, kann man mit Stickerei alle Partien, die hervorgehoben werden müssen, verstärken und kann außerdem die Maschen für besondere Effekte raffen oder ganze Partien durch Ausstopfen verdichten.

So werden die verschiedenen Teile eines solchen Puppenkörpers nach und nach entwickelt. Nach der Fertigstellung fügt man sie gelenkig zusammen. Das geschieht mit sehr einfachen *Bindungen.* In den meisten Fällen reichen eng oder weit angelegte *Schlaufen,* je nach der Beweglichkeit, die das Gelenk braucht. Ist diese Funktion gesichert, so geht es an die Bewegungsmechanik für den Puppenkörper. Die Holzstäbe, die diese Aufgabe übernehmen, müssen in engen kleinen Schlaufen an den Körperteilen der Puppe befestigt werden, und zwar immer so, daß ein Optimum an Bewegungsmöglichkeit und damit der gewünschte Ausdruck der Puppe erreicht wird.

Der *Führungsstab* geht durch den größten Teil des Puppenkörpers, oft sogar durch den gesamten Oberkörper hindurch, um diesen in der Hauptrichtung festzuhalten und die einfachste Bewegung nach vorn oder zurück auszuführen. Dieser Stab muß so eingebaut werden, daß er zwar fest im Puppenkörper verankert ist, aber nicht das Muster stört, denn das muß ja während des Spieles im durchflutenden Licht genau zu erkennen sein.

Komplizierte und große Figuren brauchen zwei bis drei Spieler, von denen einer den gerade beschriebenen Führungsstab trägt und die anderen die Gestik, die ausgeführt werden soll, durch Bewegung der Hände,

Schattenfigur »Prinzessin« in Stricktechnik. Das Prinzip bei der Herstellung der Figur ist folgendes: Der Schattenriß wird in verschiedene Teile zerlegt, die beweglich miteinander zu verbinden sind, damit die optimale Funktionsfähigkeit der Figur gesichert ist. Jeder einzelne Teil, wie z. B. Rock mit Füßen, Oberkörper mit Hals und Kopf, beide Arme, werden nach der Herstellung der Umrißform in Draht mit verfremdetem Gestrick überzogen. Der Tragestab, der den Oberkörper hält, sowie die Führungsstäbe für die Arme und den Rock werden eingebaut. Schließlich werden alle Teile durch Fadenschlaufen gelenkig miteinander verbunden. Der Witz an dieser Figur ist, daß sie sowohl als Schattenfigur für das Schattenspiel als auch als freistehende bewegliche Figur vor der Leinwand zu benützen ist, denn sie ist in verschiedenfarbigem Material mit viel Gold und Silber ausgearbeitet worden.

Füße und Gesichtsteile erzeugen. Ein großer Drachen kann sogar von sieben bis zehn Menschen, je nach Länge und Gewicht, vorgeführt werden. Kleinere Figuren können dagegen von einer einzigen Person geführt werden, die in der linken Hand den Führungsstab trägt und mit der rechten im Wechsel die Hände bedient.

Kleinere Tierfiguren, etwa einen jungen Fuchs, könnte man dagegen in einem einzigen Stück stricken, um ihn dann in ein vorbereitetes Gerüst zu spannen. Dabei müßten nur die vier Beine beweglich sein und eigens an Hilfsstäben geführt werden. Hier würde sich ein eigener Führungsstab für den ganzen Körper erübrigen.

Die Farbe des verwendeten Garnes spielt bei

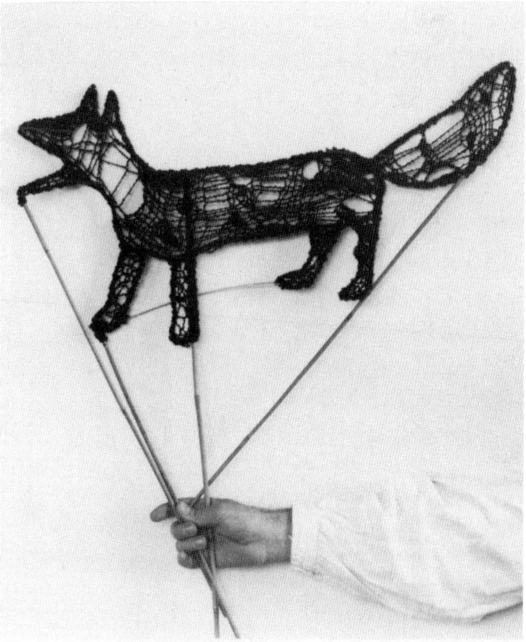

Schattenspielfigur »Füchslein« in Stricktechnik. Bei dieser Figur sind im Sinne des Szetschuanschattenspieles einzelne Körperteile beweglich mit dem Leib verbunden, wie zwei Füße, der Schwanz und der Unterkiefer. Der rechte Vorder- und Hinterlauf sind durch eine Tragbrücke miteinander verbunden, daß zur Bewegung der Beine nur ein Stäbchen notwendig ist. Mit einem weiteren Stäbchen kann der Schwanz bewegt werden, auch das Maul ist mit einem Stäbchen zu bewegen. Der Tragestab geht durch den linken Vorderfuß. Er ist sehr stabil mit der Figur verbunden. Nun können die verschiedenen Körperteile mit der freien linken Hand betätigt werden, während die rechte Hand den Tragestab und die nicht benötigten Führungsstäbe hält. Wie die Prinzessin ist auch das Füchslein in der Art eines Schattenrisses konstruiert worden. Seine Konturen bestehen aus gebogenem Draht, über den verfremdetes Gestrick gezogen wurde.

dieser Puppenart keine Rolle, denn sie tritt nicht in Erscheinung. Das Licht überstrahlt die Fäden, ohne daß ihr Farbcharakter erscheint. Nur das Muster wirkt.
Um die Strapazierfähigkeit dieser Figuren zu erhöhen, kann man sie schon vor der Montage der Einzelteile nach dem Ausspannen des Gestrickes in die Draht- oder Kartonkontur mit Weißleim, der im Verhältnis eins zu eins mit Wasser verdünnt wurde, überstreichen und glattgelegt trocknen lassen.
Das Schattenspiel hat sich aus der *Kunst des Scherenschnittes*, die in Asien hochgehalten wird, entwickelt. Europa hat sich auch bald dieser Technik bedient und solche Spiele geschaffen, bei denen farbige Scherenschnitte durch eine Lichtbahn geführt wurden. So wie in Asien im geschichtlichen Verlauf dieser Entwicklung die anfänglich sehr einfachen Scherenschnittfiguren immer mehr mit Ornamenten bereichert und schließlich durch Unterteilung gelenkig gemacht wurden, so fand auch in Europa eine Weiterentwicklung statt. Fast in der gleichen Weise wie in Asien ist bei uns das Schattenspiel differenziert worden. Europäische Schattenspielfiguren aus dem vorigen Jahrhundert sehen in ihrem Aufbau kaum anders aus als solche aus China. Nicht in der Funktion, sondern im Stil besteht der Unterschied.
Zur *technischen Ausführung eines Schattenspiels* braucht man unbedingt eine Spannwand aus dünnstem weißem Textilmaterial wie feinste Leinwand, hellen Nesselstoff oder dünnen Baumwollstoff. Außerdem benötigt man verschiedene Lampen, die in variabler Leuchtkraft und in unterschiedlichen Farben den Ausdruck des Spieles unterstreichen, bestimmte Bewegungen und Aktionen hervorbringen und als künstlerische Manipulationen das Spiel der Figuren durch viele wechselnde Farben vollenden. Durch Annäherung oder Zurückziehen der farbigen Lampen werden die Schatten der Figuren vergrößert oder verkleinert, wodurch interessante Wirkungen durch Überschneidung der Schatten verschiedener Spielfiguren erzielt werden können. Die sich überschneidenden Schatten nehmen teil an diesem schönen Farbspiel, denn sie ergeben entsprechend den Gesetzen der Optik die Komplementärfarben, so daß etwa grüne Schatten bei rotem Licht entstehen, oder rote Schatten bei grünem Licht, wenn ein weißes Querlicht die Szenerie durchkreuzt. Im einzelnen ist diese Wirkung sogar genau berechenbar, aber es würde zu weit führen, hier ins Detail zu gehen.

Gestrickte Stabspielfiguren

Von der Funktion her sind die plastischen Stabfiguren den Schattenfiguren sehr ähnlich. Durch ihre Körperlichkeit haben sie oft ein beträchtliches Gewicht. Das spielt bei der Führung eine nicht unerhebliche Rolle, vor allem, wenn es sich um hohe Figuren handelt. Vom Gewicht ist auch abhängig, wieviel Personen für eine Vorführung notwendig sind.
Besonders wichtig ist bei den Stabspielfiguren eine Vorrichtung in Schulterhöhe, die es ermöglicht, den Kopf frei zu drehen. Die Konstruktion ist aus der beigelegten Zeichnung zu ersehen.
Wer sich in den Möglichkeiten des plastischen Strickens auskennt, im Auf- und Abnehmen, Rundstricken, Spitzenauslauf und dergleichen, der wird sich nicht schwer tun, Köpfe, Hände und Füße strickerisch zu gestalten. Ein weiterer Effekt ist das Ausstop-

fen dieser gestrickten Körperteile, wodurch sie natürlich an Volumen erheblich gewinnen. Dann erst können durch Abnähstiche die Gesichtszüge schärfer herausgearbeitet und schließlich in ihrem Ausdruck festgelegt werden. Auf diese Weise bekommen auch Hände und Füße erst ihre vorgesehene Form.

Mit gestrickten Beigaben kann zusätzlich viel erreicht werden. So können etwa Frisu-

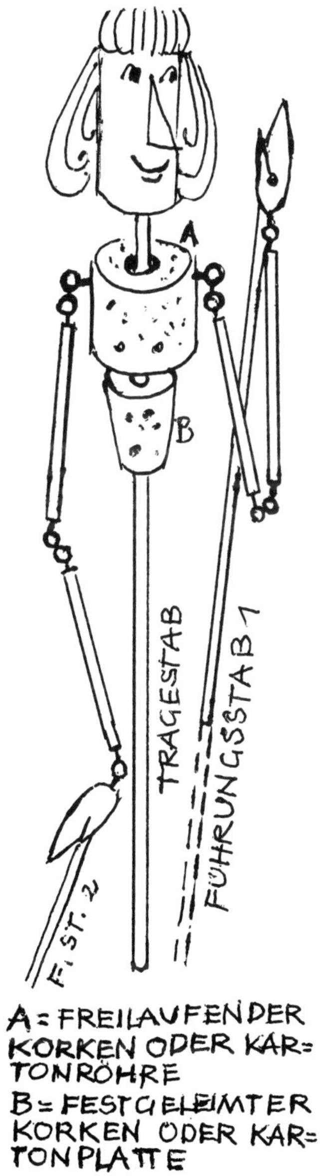

Modellieren eines Kopfes. Da Gestrick sehr weich und elastisch ist, gibt es beim Abstecken einer plastischen Form lauter Rundungen. Diesen Charakter erhält ein Gesicht, das man durch Fixieren mit Stichen herausmodellieren will. Feiner Trikot, der mit weichem Füllstoff hinterlegt ist, reagiert in ähnlicher Weise wie Gestrick. Hierfür kann diese Kopfplastik als Beispiel dienen. Es ist mit Absicht ein ausdrucksstarkes Gesicht aus diesem weichen, nachgiebigen Material herausmodelliert worden, samt Hals und Schulterpartie. Die künstlerische Qualität ist erstklassig, da die Künstlerin eine bedeutende Bildhauerin ist und ihre Erfahrung auf das Gebiet der Stoffplastik übertragen konnte.

ren aus aufgelöstem Gestrick, aber auch aus Fadenbüscheln und Pelzteilen aufgesetzt werden.

Besonderen Spaß macht das Ankleiden der Figur. Wenn man völlig stilgerecht arbeiten will, so wird auch die Kleidung aus Gestrick bestehen; es sollte also die Stabfigur vollends »bestrickt« werden. Auf diesem freilich etwas mühsamen Wege ist es möglich, bei der Komposition einer Figur in feinster künstlerischer Art vorzugehen; man kann z. B. Farblinien in das Gewand setzen, die sich auf Linien der Gesichtszüge beziehen, und es kann die Gestalt der Hände und Füße immer wieder mit dem Formenkanon der Kleidung korrespondieren.

Will man weniger Zeit und Mühe auf die Gestaltung einer solchen Figur verwenden, können deren Bestandteile natürlich auch aus abgelegten Strickwaren wie alten Handschuhen, Socken oder Pullovern geschnitten werden.

Sucht man beim Zusammennähen der Teile einen ähnlichen Effekt wie bei handgestrickten Puppen, so kann man diese Teile auch auf andere Weise verfremden. Jedenfalls können alte Strickwaren in dieser Form einer neuen, sehr nützlichen Bestimmung zugeführt werden. Ein Ensemble von solchen Puppenfiguren zu erstellen, ist deshalb nicht nur eine sehr lustige und lehrreiche Sache, sondern auch ein preiswertes Vergnügen.

Handspielpuppe aus Gestrick

Die Funktion einer Handspielpuppe ist verhältnismäßig einfach. Ein handschuhartiger Rock mündet in der Mitte in einen Hals, der den Kopf trägt. Während der Kopf über den Zeigefinger gestülpt wird, wird ein Ärmchen über den Mittelfinger und eines über den Daumen gestülpt. Der Bewegungsradius zwischen diesen drei Fingern muß genau berechnet werden, damit die Abstände dieser Körperteile im Gestrick nicht zu groß werden. Solche Grundbedingungen sind unbedingt zu erfüllen. Zur Führung des Kopfes muß eine Kartonrolle, die fest über dem Zeigefinger sitzt, in den Hals eingebaut werden. Ebenso müssen die Arme mit solchen Halterollen versehen werden, die dann fest über Mittelfinger und Daumen sitzen. Das Röckchen muß die Hand bedecken. Es kann in Form und Farbe beliebig ausgeführt werden.

Hier ist dieser Igel von seiner Unterseite her zu sehen. Der Handschuhcharakter ist klar zu erkennen. Unterseite und Oberseite gleichen sich, nur sind auf der Oberseite die Stacheln als dicke Fäden aus starrem Garnmaterial eingezogen worden. Schnäuzchen und Augen wurden nachträglich aufgestickt.

Die Händchen werden nur wie kleine Handschuhe behandelt, können aber auch nur aus zwei farbigen gestrickten Spitzen bestehen. Der Kopf dagegen erfordert viel mehr Mühe, denn in ihm muß der Charakter der Spielfigur herausgearbeitet werden. Auch die Farbe von Kopf und Händen ist wichtig, denn sie gehört unbedingt zur Charakteristik der Figur. Daß ein Teufel rot und schwarz, eine Hexe gelb und orange, ein Jäger braungebrannt und das Kasperle rotbackig mit langer Nase erscheinen soll, hat sich allgemein durchgesetzt, soll aber nicht zum starren Schema ausarten. Das plastische Stricken ermöglicht eine unerhörte Vielfalt im Ausdrucksreichtum solcher Figuren. Man kann sogar während des Strickens die Farbe des Garns wechseln, um einem cremefarbigen Gesicht rote Backen und eine rote Nasenspitze zu geben. Erst recht ist man frei in der Vervollständigung des Kopfes mit allerhand Mützen, Hüten, Frisuren und dergleichen, die möglichst gestrickt oder wenigstens aus Strickmaterial gefertigt werden sollen.
Meist sitzt die Form des Kopfes nach dem Ausstopfen mit Füllmaterial noch nicht ganz zuverlässig und muß durch Heftstiche gerafft und fixiert werden, um den Charakter der Figur genau zu treffen. Auch durch Stikkerei läßt sich der gewünschte Ausdruck herausarbeiten.
Eine wichtige Regel für Handspielpuppen ist, daß sie nicht schwer sein dürfen. Gestrickte Köpfe und Händchen belasten die führende Hand auf keinen Fall so stark wie zum Beispiel ein geschnitzter Kopf oder ein solcher aus Pappmaché und Ton. Schon aus diesem Grund sind solche Köpfe zu bevorzugen, aber auch, weil sie als kleine »Textilkunstwerke« eine unnachahmliche Ausdruckskraft haben können.

Marionette aus Gestrick

Da es nur um die strickerische Erarbeitung einer solchen Spielfigur geht, kann aus Platzmangel nicht auf den Führungsmechanismus einer Marionette eingegangen werden. Die entsprechenden Kenntnisse werden in diesem Falle vorausgesetzt, wobei allerdings auf die Aufhängemöglichkeiten und die funktionellen Verhältnisse im Puppenkörper hingewiesen wird.
Wie bei den bereits geschilderten Hand- und Stabspielpuppen wird auch hier der ganze Körper mit den verschiedenen Gliedmaßen und der Kopf in Einzelteilen gestrickt und dann erst zusammengesetzt. Ein innerer Bewegungsmechanismus, wie bei den Stabspielpuppen, ist nicht notwendig, denn bei der Marionette besteht der Bewegungsmechanismus aus einem Führungskreuz, dessen Bewegungen über Fäden auf die Puppe übertragen werden.
Die *Gelenke* allerdings müssen exakt passend gearbeitet werden, was bei textilen Figuren aber nicht schwer zu bewerkstelligen ist. Die Gewichtsverhältnisse des Körpers müssen die physikalisch richtige Verteilung haben, damit die Figur nicht kopflastig ist und während des Führens kippt oder stolpert, weil sie dann nur schwer gelenkt werden kann. Der *Schwerpunkt* liegt bei einer guten Marionette immer unterhalb der Mitte des Körpers.
Die Führungsfäden werden so an den Gliedmaßen und am Kopf befestigt, daß sie im Ablauf des Anziehens eine sichere, nicht rückläufige Bewegung erzeugen, also mindestens an je zwei Punkten an Händen und Füßen und am Kopf sogar an drei Punkten festsitzen, damit diese keine unkontrollierten Taumelbewegungen ausführen können.

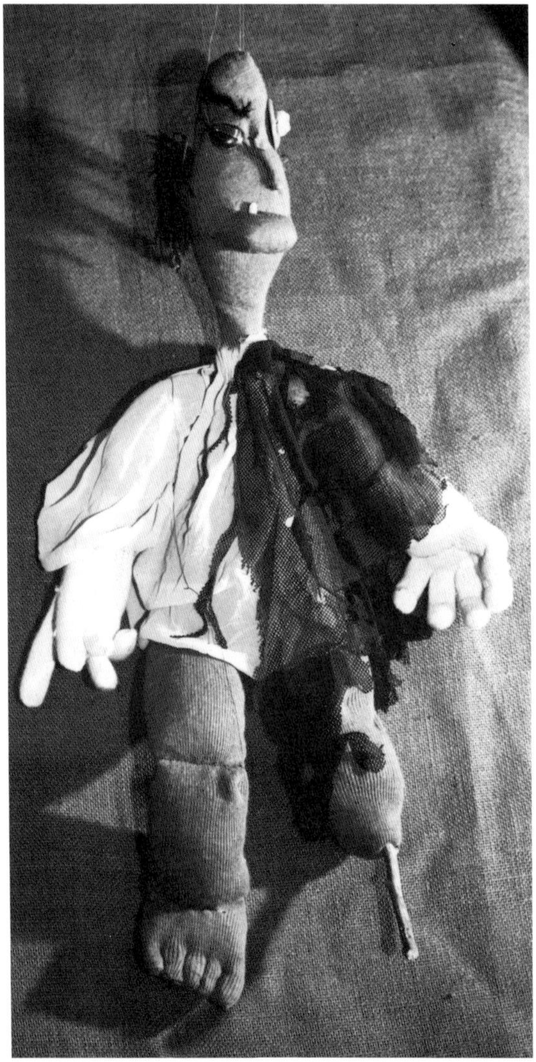

Die hier im Bild gezeigte Marionette aus Gestrick stellt eine skurrile, abgerissene Figur dar mit einem Stelzfuß, zwei großen, ausdrucksvollen Händen und einem Strolchengesicht mit einem Zahn, der aus dem vorgeschobenen Unterkiefer herausragt, sowie einem geschwollenen, nach außen gebeulten Auge. Der Haarwuchs ist spärlich und bildet nur einen Kranz um die untere Ohrenpartie, während der birnenförmige Kopf eine große Glatze aufweist.

Gestrickte Spieltiere

Mit den heute handelsüblichen Spieltieren verhält es sich ähnlich wie mit den Puppen. Optische Qualität im Sinne von größtmöglicher Naturtreue steht im Vordergrund, um dem Erwachsenen einen Kaufanreiz zu bieten. Kindgerecht sind diese Industrieproduk-

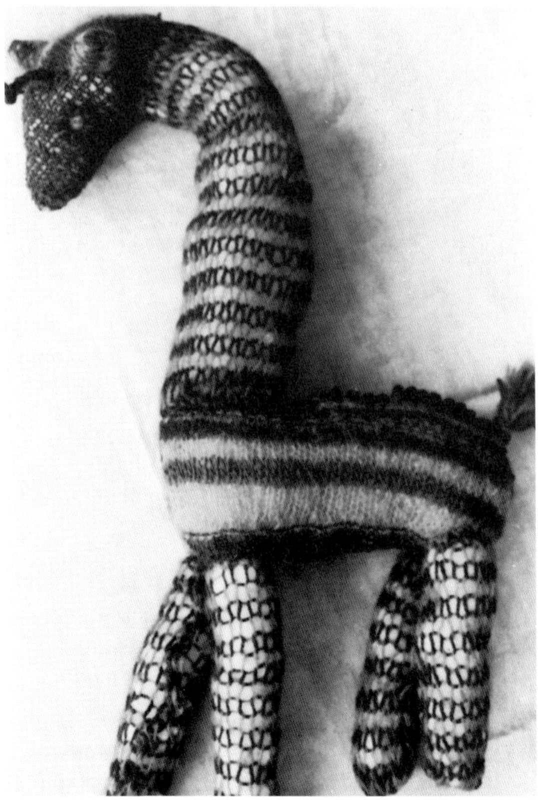

Gestrickte Giraffe. Die Beweglichkeit dieses Tieres läßt jede Spielsituation zu. Ein Kind muß sich taktil mit seinem Spielzeug befassen können.

te in den seltensten Fällen, da für das kleinere Kind weniger die optische als die *Tastqualität* und die Vermeidung von Verletzungsgefahren maßgeblich ist. Das Spielzeug soll außerdem lustig aussehen und verschiedene Spielmöglichkeiten bieten. Die Funktion soll sich ganz natürlich aus der Handhabung ergeben. So sollte ein gestricktes Tier bei jeder Handhabung sehr beweglich sein, dazu kuschelig, wie ein richtiges Kissen. Das Kind sollte ein solches Tier nach Belieben biegen, drehen und werfen können, soll auf ihm liegen und sich vielleicht sogar damit zudecken können. So sind gerade handgestrickte Spieltiere und Puppen sehr gut geeignet, Kinder zu interessieren und durch ihre Tastqualitäten zu beschäftigen.

Wie sind nun Spieltiere zu stricken? Eigentlich bestehen die meisten nur aus verschieden dicken Schläuchen, die mit Füllmaterial ausgestopft und dann zusammengenäht werden.

So kann man zum Beispiel auf einfache Weise eine Giraffe herstellen: Ein dicker Schlauch ist der Leib, vier schmale Schläuche bilden die Beine, wobei die vorderen Läufe etwas länger sind als die hinteren. Ein konisch zulaufender Schlauch bildet den Hals, der in eine spitz gestrickte Kopfpartie ausläuft. Jedes Schlauchstück ist für sich zu bearbeiten.

Sind die Schläuche ausgestopft, so werden sie zusammengenäht. Mit Hinterwendlingsstichen werden die Füße und der Hals in

kreisrunder Naht auf die Walze des Leibes aufgenäht. Das Besticken erfolgt nach der Fertigung. Weitere Details wie Schwänzchen und Hörnchen und Ohren werden erst am Schluß befestigt.
Die Proportionen brauchen nicht zu stimmen. Für Kinder sind sie ohnehin nicht wichtig, denn sie denken mehr »funktional« als »proportional«.
Auch die Farbe braucht nicht den natürlichen Verhältnissen zu entsprechen. Kinder würden immer beim Malen oder Basteln eines solchen Tieres die *Wunschfarbe* verwenden, nicht die Originalfarbe. So kann eine Giraffe orange und dunkelbraun sein, wie das hier abgebildete Spieltier. Sie könnte aber ebenso blau, grün oder rot sein, denn das Kind fragt nur nach der Attraktivität des Spielzeugs an sich, nicht nach dessen Ähnlichkeit mit dem Naturgegenstand. Möglichst kräftige Farben werden von Kindern bevorzugt. Wichtig ist allein, daß man mit dem Spieltier *viel* anfangen kann, daß man etwa auf ihm reiten, mit ihm schmusen, dann wieder ein Kissen aus ihm machen kann, um mit ihm gemeinsam zu schlafen. Dies alles kommt dem *funktionalen* Denken des Kindes entgegen.
Die hier gezeigte Giraffe soll nur zur Anregung bei der Fertigung von *Spieltieren einfachster Art* dienen, ist aber nicht unbedingt als Vorlage gedacht, da sich die Ausführung sicher noch verbessern läßt. Die Bauform dieses Spieltieres ist es, die durchschaut werden soll, damit dann nach dem gleichen System auch Pferdchen, Elefanten und andere Tiere gestrickt werden können.
Bevor man zum Beispiel einen Drachen stricken will, muß man sich nicht nur überlegen, welche Merkmale für ihn bezeichnend sind, sondern auch vor allem, was einem Kinde an einem solchen Tier typisch erscheint.
Das große *Maul* ist auf jeden Fall wichtig für einen Drachen. Er muß dieses Maul auf- und zumachen und damit nach verschiedenen Gegenständen und nach anderen Kindern schnappen können. Außerdem sind die *Füße* wichtig, die in einer Vielzahl vorhanden sein müssen. Nicht zu übersehen ist ein langer

Schwanz, der möglichst beweglich sein muß, damit man den Drachen umherschleudern, in der Luft herumwirbeln und heranziehen kann. Es ist nur zu überlegen, wie alle diese wichtigen Teile des Drachenkörpers strickerisch bewältigt und künstlerisch gestaltet werden können. Als Drachenkörper dient ein konisch zulaufender Schlauch, der in einer langen Spitze endet und am breiteren Ende gespalten ist. Um die daraus erhaltenen beiden Teile in zwei klappbare Kiefer umzuarbeiten, muß man das Maul mit einem Strickereistück versteifen, damit zwei Gebißteile entstehen. Eine Verstärkung mit Karton im Innern des Maules kann ebenfalls nicht schaden.

Fußpartie des Drachens. Die Beine sind paarweise als durchgängige Walzen gestrickt und aufgenäht. Sie enden in zwei in Spitzen auslaufenden Lappen. Dadurch kommt das Drachenartige gut zum Ausdruck.

Die Füße können auf verschiedene Art am Bauch befestigt werden; man kann sie entweder als Schläuche stricken, die durch Zu- und Abnehmen der Maschen einen Knick

Kleiner Drache. Von oben kann man genau sehen, wie der Körper buckelartige Wölbungen hat. Er wurde nämlich in zwei Teilen aus Ikatgarn gestrickt, die dann oben durch eine Naht miteinander verbunden wurden.

nach innen bekommen und in farblich abgesetzten Klauen auslaufen, die ähnlich gestrickt werden wie die Spitze eines Handschuhs. Sie können aber auch aus dem Unterteil des Drachenkörpers herausgestrickt werden.

Die Beweglichkeit eines Drachens muß unbedingt durch viele Füße zur Wirkung kommen, denn gerade an solchen Merkmalen setzt das Interesse des Kindes an, wird das Erlebnis »Drache« leibhaftig, was beim Spielen sehr wichtig ist.

Der Rücken des einen Drachens ist mit »Ikatgarn« in zwei Längsstreifen gestrickt worden, die rautenförmig angelegt sind und sich gegenseitig ergänzen.
Der andere Drache dagegen hat das Muster seines Rückens durch seitliches Auf- und Abnehmen in Kunststrickerei bekommen. Die Farbstreifen in Schwarz und Grün laufen seitlich als Zick-Zack-Bänder mit. Das Ornament auf dem Kopf ist schließlich in der Art der Gestricksverfremdung gearbeitet worden, um dann über Stirn und Maul gesetzt und festgenäht zu werden.
Jeder Drache zeigt eine harmonische Farbgebung. Der eine ist in blauen und grünen Tönen mit ockerfarbigen Zutaten gestrickt worden. Der andere hat reptilartige, leuchtende Farben, nämlich Giftgrün mit Weiß und Schwarz. Die Klauen haben ein kräftiges Rosa.

Erarbeiten von Bildern in der Kombination von Stickerei und Strickarbeit

Bildstickerei in Kombination mit Gestrick

Grobes Gestrick, bei dem Maschen gelöst werden, so daß es in sich dehnbar und beweglich wird, kann durch Zug und Druck in andere Form gebracht, ja geradezu bis zur Unkenntlichkeit verfremdet werden. Deshalb kann solches Gestrick zur Gestaltung von Wandbehängen verwendet werden.
Dieser Weg ist freilich ein ungewöhnlicher. Der ästhetische Reiz solcher Stickereien, die aus applizierten Strickstrukturen entstehen, muß erst entdeckt werden und könnte diesem Anwendungsbereich der Strickkunst aber durchaus zu weiterer Verbreitung verhelfen.
Man benötigt als Untergrund einen kräftigen Stoff, damit verzogenes und gedehntes Gestrick nicht in seine ursprüngliche Lage zurückkehren kann. Ist dieser Grundstoff auf einem Rahmen aufgezogen, so gruppiert

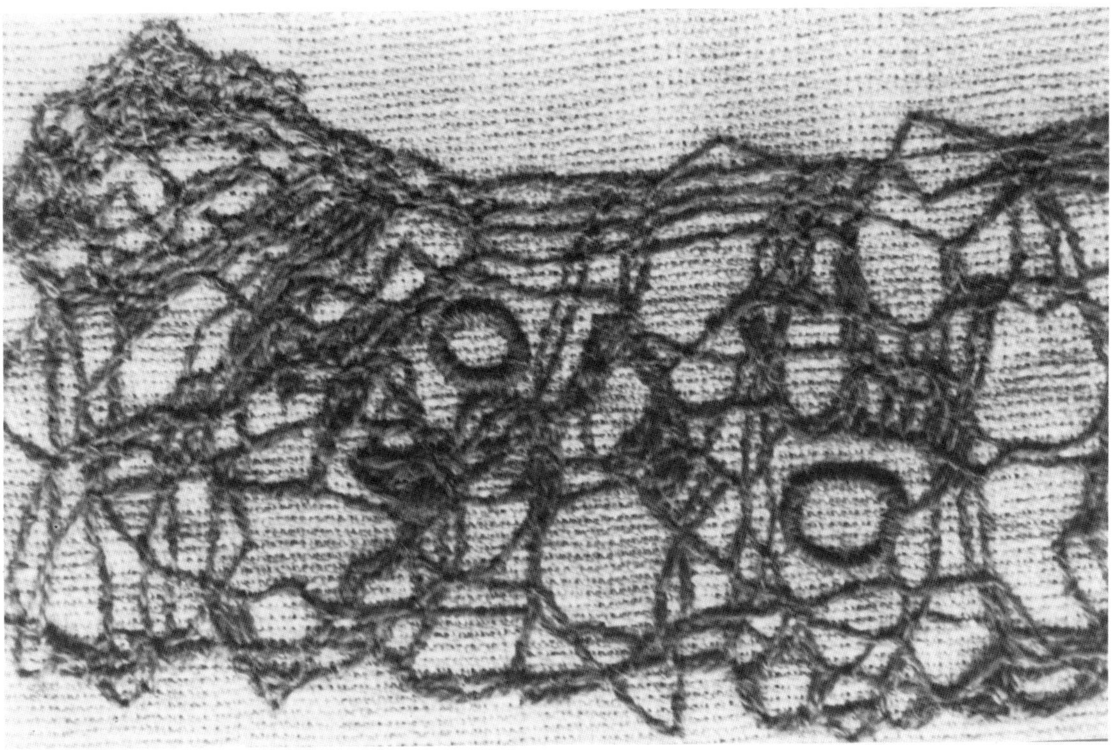

man die gestrickten Teile dekorativ auf dieser Fläche, steckt sie mit Nadeln fest und verschiebt sie solange, bis die gewünschte ornamentale Gestalt erreicht ist.
Nach dieser Arbeit läßt sich über die gestrickten und aufgesteckten Teile zur farblichen Ergänzung weiteres Material spannen. Ist die Komposition zur Zufriedenheit geraten, so kann mit farbigen Fäden das Arrangement festgenäht werden. Auch diese Stiche haben in Farbe und Form Bedeutung für die gesamte Komposition. Gerade bei dieser Technik ist es leicht möglich, Formen durch Übersticken zu erweitern und sei es nur mit dem Zöpfchen- oder Hexenstich, der ja ganz ähnlich wirkt wie dieses verzogene Gestrick. Wenn die Näharbeit fest genug ist, kann der Behang aus dem Rahmen genommen werden. Er wird sich dann nicht mehr verziehen. Sollte aber sehr viel Gestrick evtl. in starker Dehnung appliziert worden sein, so beläßt man den Behang zum Steifen in diesem Rahmen.
Mit verdünntem Weißleim oder aufgelöstem Zellulosekleber (Glutofix) wird der Wandbehang von der Rückseite her eingestrichen, aber nur so dünn, daß der Leim nicht durchschlägt. Nach dem Trocknen ist der Wandteppich so steif geworden, daß er sich nicht mehr verziehen kann. Selbst große Mengen aufgepackten Gestrickes bringen ihn nicht mehr aus seiner Form. Nun kann er herausgenommen und an der Wand aufgehängt werden.

Abstrakte Bilder mit Bereicherung in Gestrick

Dieser Versuch, Gestrick zu verwenden, reicht in das Gebiet der Textilkunst. So wie abstrakte Bilder gemalt werden können, können sie auch in Textilcollage mit Strickereibereicherung entstehen. Es gelten dabei die gleichen Regeln wie beim malerischen oder bildhauerischen Gestalten von Kunst-

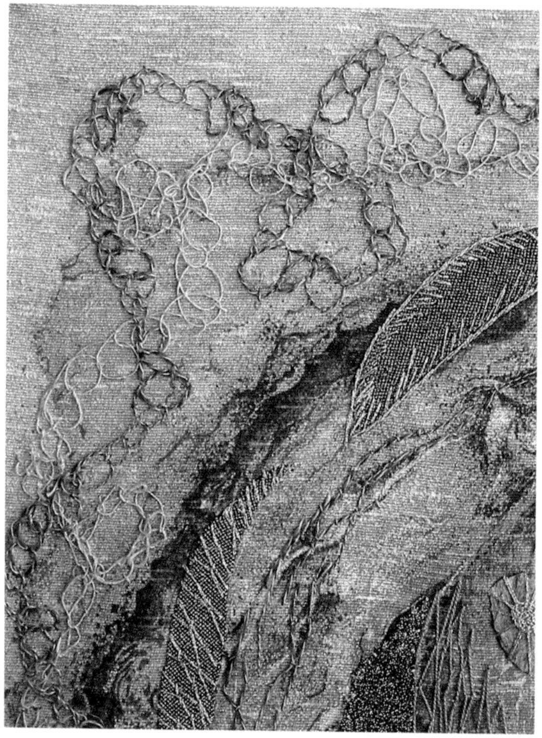

Bei dieser textilen Komposition sind applizierte und mit Spannstichen versehene Partien durch weich angelegte Strickereipartien aus feinem Mohairgarn ergänzt worden. Hervorzuheben ist die totale farbige Einheit des Bildes sowie die gelungene Ergänzung des Charakters von Stickerei und Gestrick.

Rechts: Dieser Wandteppich aus einer Applikation mit schwerem Möbelstoff in grünen und bräunlichen Farben ist zur Bereicherung mit Strickapplikation ergänzt worden. In der Farbe der Strickereiteile ging man auf die Grundfarbe des Teppichs ein. Alle Töne sind in den Tönungen des Grundes enthalten. Der Rhythmus des Gestrickes sollte die hellen und dunklen Teile des Grundes zusammenführen und durch das lineare und bewegte Element beleben.

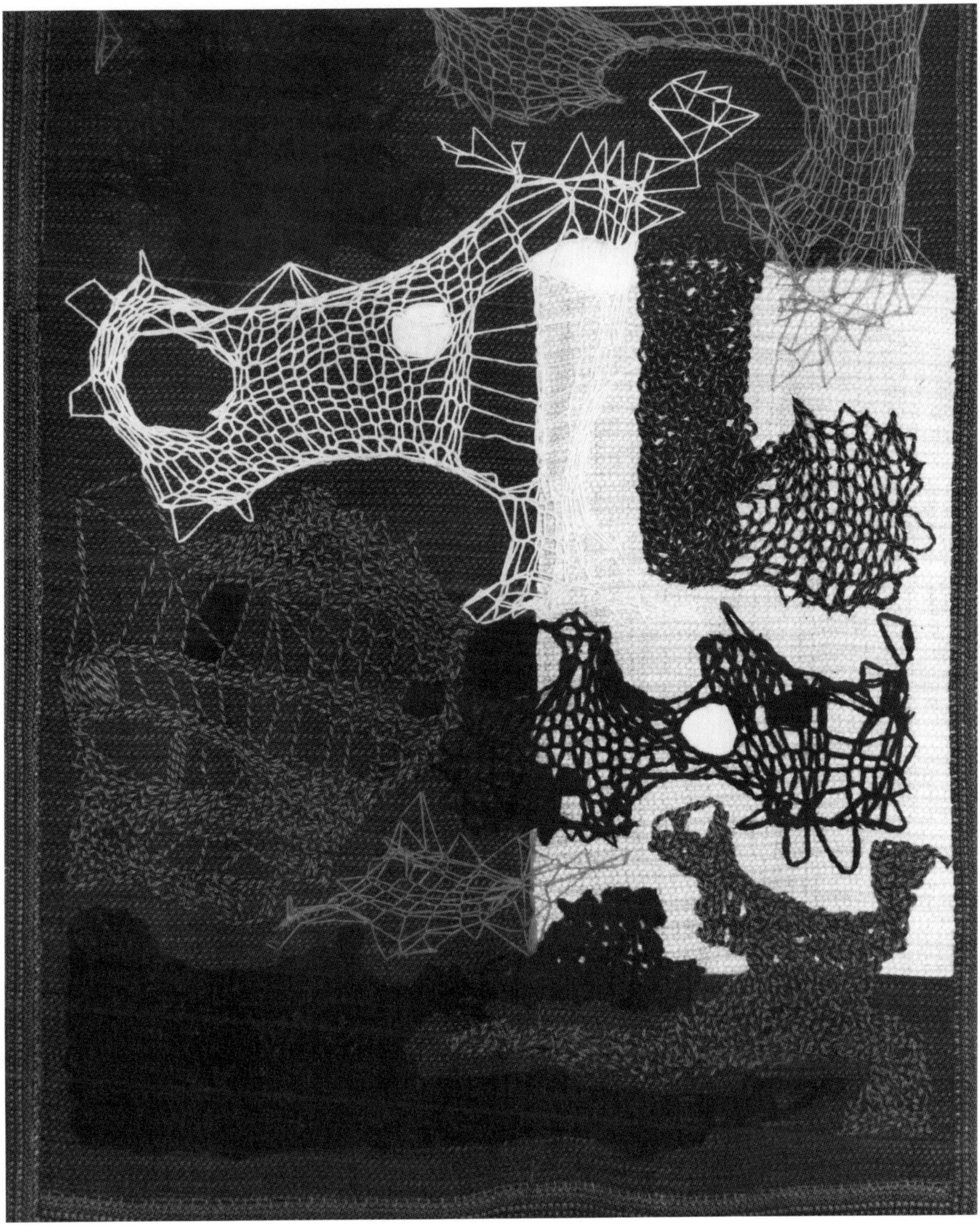

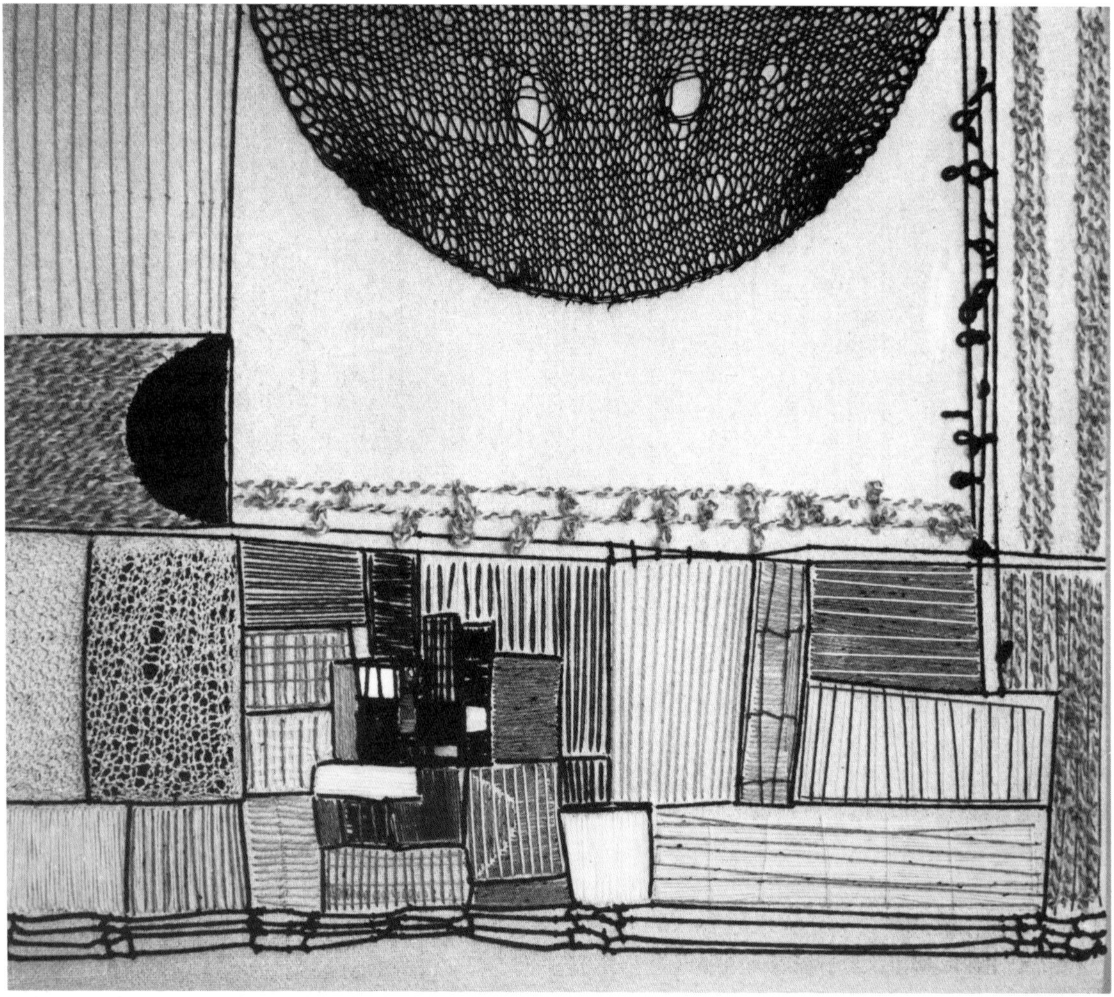

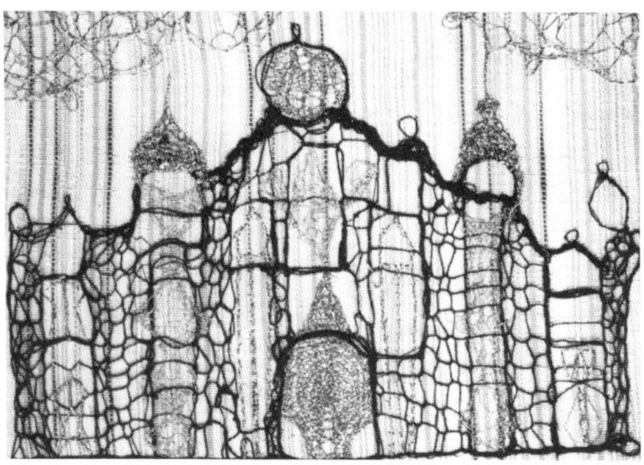

Links: Pagode aus Strickarbeit. Ein brauner rechtsgestrickter Lappen ist durch Fallenlassen von Maschen in seinem Gefüge sehr stark gelockert worden. Anschließend wurden in unregelmäßiger Strickweise kleine Partien aus Lurexfäden gestrickt. Diese sind in ihrem Goldglanz und verschiedener Festigkeit die notwendige Ergänzung zu dem geplanten Bild der Pagode. Auf einem großen, mit feingestreiftem Stoff überzogenen Karton sind schließlich das braune Netz und die vielen kleinen Lurexnetze durch Anstecken mit Nadeln zur Pagode geformt worden. Fixierende Stiche verleihen die notwendige Festigkeit.

Die Mexikanerin. Diese Spielpuppe kann für moderne Puppen in Strickarbeit als Vorbild dienen. Ihr Gewand ist aus bunter, handgesponnener Wolle zu einem Stück gestrickt, während der Kopf und die beiden Beinchen angenäht wurden. In gleicher Weise sind die beiden Puppenkinder, die sie an der Hand hält, entstanden.

Große Spielpuppe. Diese schöne weiche Puppe ist in einem Zug gearbeitet worden einschließlich der Ringelhosen, die der Puppe einfach auf den Balg aufgestrickt wurden. Zur Demonstration des Maßstabes ist ein kleines Strickpüppchen, das ein Kind gefertigt hat, auf den Arm gesetzt worden.

Raumteiler aus petrolfarbenem Noppengestrick über einem Paraventgerüst aus Metall.

Raumteiler mit kissenartigen Strickkörpern aus Silber-Lurex.

Raumteiler in bewegter Strickarbeit.

Verfremdetes Gestrick aus weißer Homespunwolle läßt eine einheitliche Komposition entstehen.

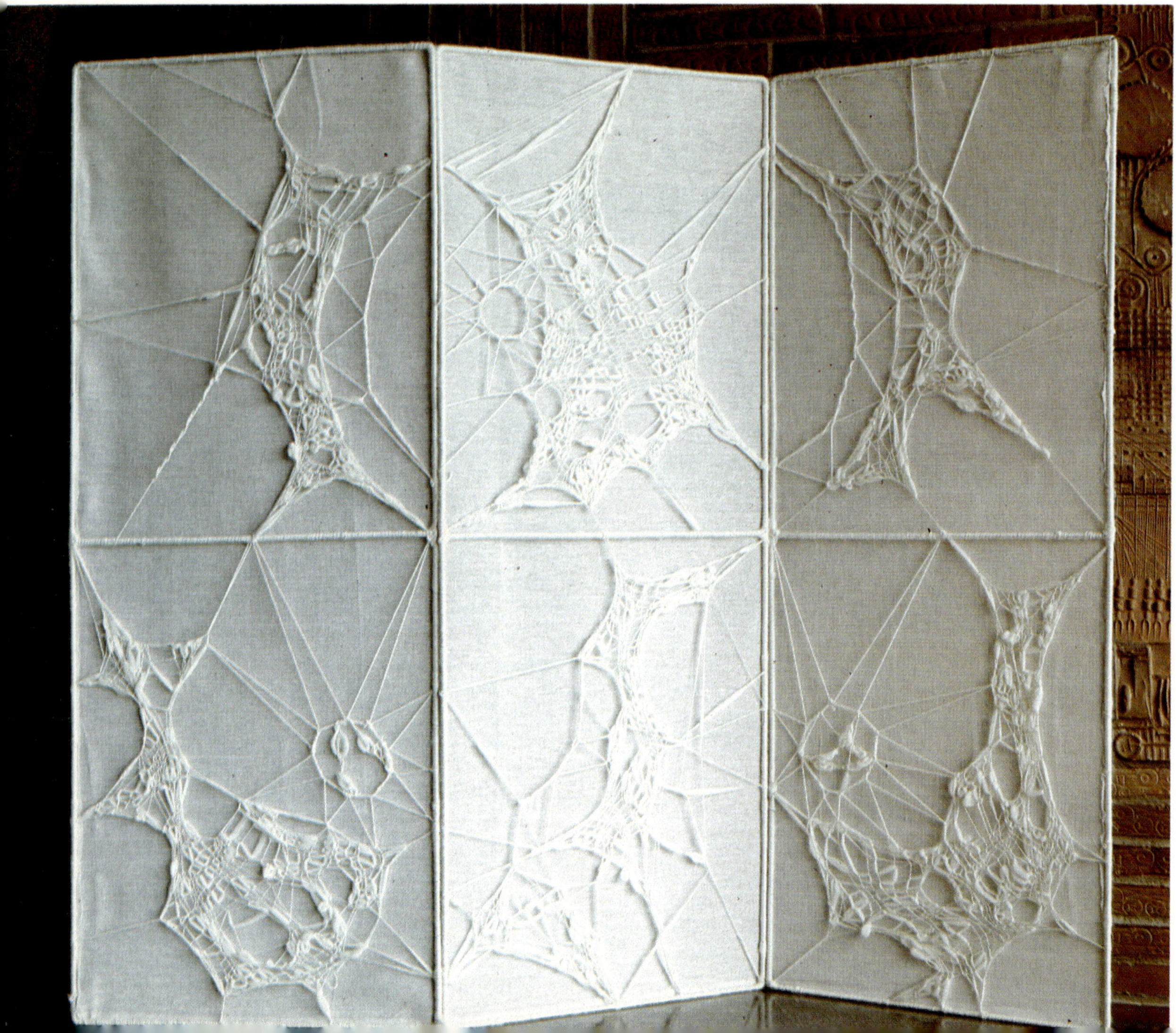

werken hinsichtlich der farbigen und formalen Einheit der Komposition, der strukturellen Qualität, der Geschlossenheit. Die Schönheit des textilen Materials und der Kontrast verschiedener Strukturen und Flächen sind hier ein besonderes Ausdrucksmittel. Aus der Stellung der weichen Rundungen von Gestrick und der zarten Fäden

Damenporträt. Auf weißem Grundstoff wurde dieses Porträt einer Dame mit dunkelrotem Tüllgewebe vorbereitet. Anschlagreihen mit dazugehörigen Fäden wurden zu Augen und Locken geformt. Dieses lineare Element sollte als Kontrastwirkung den flächigen Charakter des Tülls begleiten. Wie reizvoll und zart solche Anschlagpartien des Gestrickes wirken, kann man hier sehen.

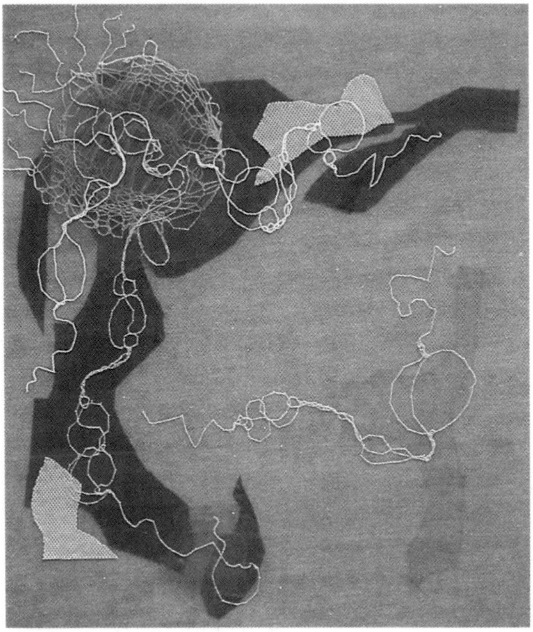

Tüllstickerei mit Ergänzung in Gestrickapplikation. Bei dieser abstrakten Bildgestaltung ist die Kontrastlehre im Sinn modernen Kombinierens ausgeschöpft worden: dunkel gegen hell, rund gegen eckig, weich gegen hart, groß gegen klein, Fläche gegen Linie. Der runde Rhythmus von Gestrick hat sich außerordentlich gut zu den eckig geschnittenen flächenhaften Partien aus Tüll kombinieren lassen. Dabei ist nicht die optische Symmetrie angestrebt worden.

aufgelöster Anschlagschnur zu den aufgesetzten applizierten Füllflächen des Bildes ergibt sich der besondere Reiz dieser Bilder.

Stricken eines Weihnachtssternes

Daß man Sterne stricken kann, erscheint auf den ersten Moment befremdlich. Und doch ist es so. So soll das Entstehen eines weihnachtlichen Behanges mit einem strahlenden Stern kurz beschrieben werden.

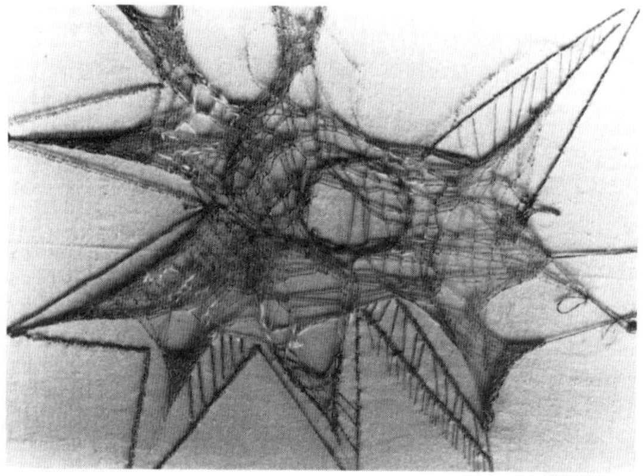

Gestrickter Weihnachtsstern.

Gestrick aus Lurex-Material in Silber oder Gold, das in freier Strickweise entstanden ist, wird in die gewünschte Form gezogen und mit Nadeln auf der Unterlage befestigt. Sollte die Gestalt eines Sternes nicht so ohne weiteres entstehen, so kann durch Fallenlassen von Maschen nachgeholfen werden. Auf diese Weise wird das Gestrick dehnbarer, wodurch es sich in jede gewünschte Form bringen läßt.

Nun muß dieser Stern in seinen Einzelteilen mit Stichen auf dem Grund fixiert werden, wobei durch dickeres oder dünneres Lurex-Material optische Effekte erzeugt werden können, z. B. das Funkeln eines Sternes. Darübergespannte Fäden verschiedener Stärke lassen die Sternform immer klarer hervortreten. Symmetrie ist möglichst zu vermeiden, da eine streng geometrische Form gewiß nicht wünschenswert ist. Das menschliche Auge erkennt ja auch die Sterne am Himmel nicht als ebenmäßig geformte Körper, sondern als unregelmäßig gezackte Lichtquellen.

Erarbeiten von Paravents und Bildgehängen

Raumteiler und Paravents, die mit Gestrick gestaltet sind

Zur Anfertigung von Paravents benötigt man zunächst entsprechende Gerüste.
Solche Gerüste können aus verschiedenem Material bestehen. Es kann ein Holzgerüst sein, das man aus Leisten zusammengefügt hat. Es kann aber auch ein Gerüst aus festem Metalldraht sein, den man sich selbst in die gewünschte Form biegt. Besonders stabil sind Rahmen aus dünnen Eisenstäben, die in die benötigte Länge geschnitten und an den Ecken verschweißt werden. Das erfordert natürlich verschiedene Vorrichtungen und Geräte, die im Haushalt üblicherweise nicht zu finden sind.
Es ist zu überlegen, ob ein drei-, vier- oder fünfteiliger Paravent erforderlich ist. Außerdem wird man die Höhe und Breite eines jeden Flügels so berechnen, daß der ganze Paravent in seinen Proportionen in das Zim-

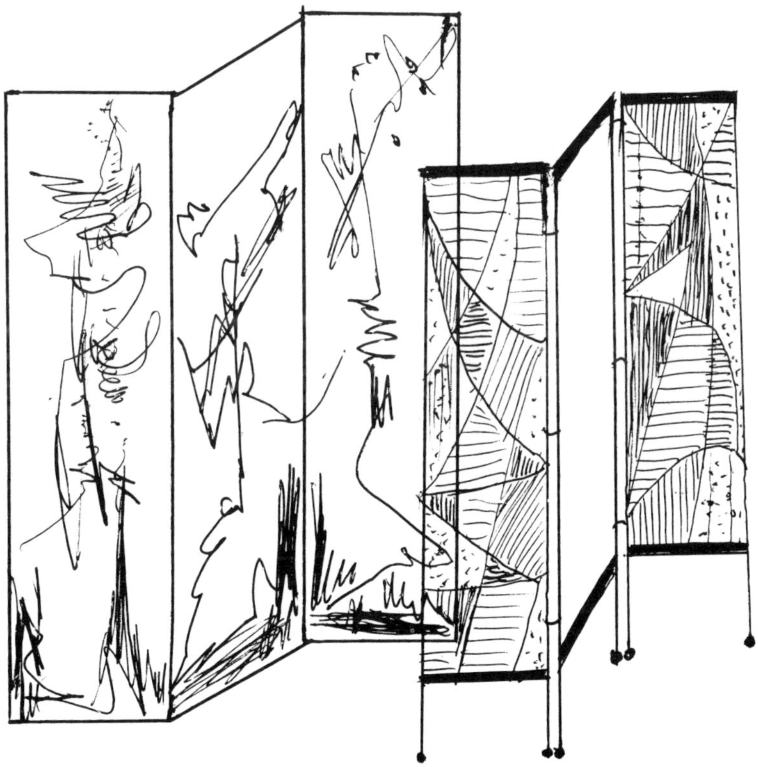

Verschiedene Konstruktionen von Gerüsten.

mer paßt und mit ihm eine Einheit bildet. Gerade die Proportionen zu berechnen, ist eine wichtige Vorarbeit, denn von der »Architektur« des Paravents hängt seine Schönheit ab.
Nun kann man überlegen, aus welchem Material das Gestrick gefertigt werden soll. Vor zuviel Farbigkeit ist dabei zu warnen. Es sieht gewiß nicht schön aus, wenn innerhalb eines Paravents grelle Farben verwendet werden, die sich gegenseitig überschreien. Besonders hübsch macht es sich, in *einer* Farbfamilie zu arbeiten, z. B. in grünen Tönen, die sich ins Warme und Kalte abschattieren lassen und auf diese Weise harmonisch zusammenklingen.
Auch die Struktur der Garne ist von Bedeutung. Es empfiehlt sich, Material verschiedenster Struktur wie etwa Mooswolle, Krümmerwolle, Bouclèwolle neben glatter, dicke neben dünner Wolle zu verwenden, denn gerade die Vielfalt der Strukturen zeigt sich bei Gestrick sehr anregend. Sind nun die verschiedenen Strickteile mit sehr dicken Nadeln gefertigt, so spannt man sie in die Rahmen. Man kann nun Maschen fallen lassen und dabei das Gestrick mit den Händen verformen, bis nichts mehr auf seinen Ursprung hindeutet. Bei dieser Tätigkeit verfolgt man bereits eine kompositorische Absicht im Verlagern des Schwergewichts auf der Fläche des Paraventflügels.
Nun kann die Arbeit des Überstickens beginnen. Man nimmt sehr dünnes Garn von der gleichen Farbe und zieht manche Partien zusammen, dehnt wieder an anderer Stelle und rafft Strickteile zu Mustern, bis die gewünschte Form entstanden ist. An anderen Stellen webt man mit der Nadel Stücke ein oder ergänzt offenstehende Löcher mit einem Gespinst andersfarbiger Fäden. Es ist so

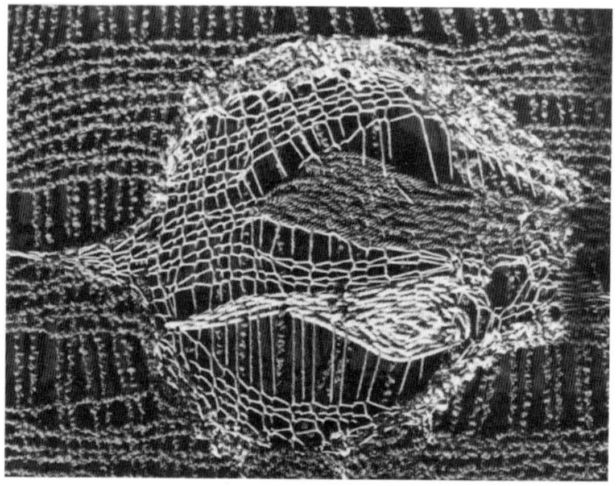

Paravent in braunem Mohair-Gestrick. Dieser Ausschnitt aus einem vierteiligen Paravent mit Holzrahmen zeigt die schöne Lichtwirkung, die man erleben kann, wenn die Sonne durch solch lockeres Gestrick scheint. Transparent gestrickte Gegenstände zeigen diesen Charme und können deshalb viel Gemütlichkeit in einer Wohnung verbreiten.

richtig ein Spiel der schöpferischen Phantasie, dem hier mit dem Gestrick in kreativer Weise freier Lauf gelassen wird.

Natürlich wird man darauf bedacht sein, daß alle Paraventflügel eine gestalterische Einheit bilden, daß sie zusammen eine Gesamt-Komposition ergeben, durch die sich die Bewegung der Strickpartien harmonisch ergänzt. Immer wieder wird man mit Sticken und Weben nachhelfen, bis der erwünschte Effekt erreicht ist und die Komposition so schön geworden ist, daß an ihr nichts mehr geändert werden muß.

Solche Paravents sind in ihrer phantasievollen Struktur eine schöne Ergänzung eines Wohnraumes. Sie beleben das Arrangement einer Wohnung, verbinden die Möbel miteinander und bringen Atmosphäre in den Raum.

Besonders apart wirkt es, wenn das Licht durch dieses verfremdete Gestrick hindurchflutet und auf dem Boden interessante Schatten bildet.

Es sollte überhaupt wieder in Mode kommen, in Schlaf- und Wohnräumen solche Paravents aufzustellen, denn sie sind dekorative Gebrauchs- und Ziergegenstände, auf die man nicht mehr verzichten will, wenn man sich mit ihnen angefreundet hat.

Paravent mit plastisch aufgesetztem Gestrick

Die Wirkung von plastischem Gestrick zeigt sich sehr angenehm an Kleidungsstücken. Wie das Licht durch solches Gestrick hindurchflutet und Schattenpartien hinterläßt, wie diese Wirkung bei hellem und dämmrigem Licht variiert, und wie schließlich die verschiedenen Garnmaterialien in sehr unterschiedlicher Art Licht aufnehmen und Schatten werfen, all dies ist einer künstlerischen Überlegung wert. Eigentlich müßte man jedes Material, mit dem man arbeitet, auf diese Wirkung hin untersuchen. Dann könnten diese Effekte viel gezielter nicht nur bei Kleidungsstücken, sondern auch bei Gebrauchsgegenständen, wie Paravents, Lampen und dergleichen eingesetzt werden. Ob ein Gestrick weichfließend oder steif ist, ob es massiv aufträgt oder transparent erscheint, ist die Folge des verwendeten Materials. Aufgerauhte Garne haben eine matte, pastose Wirkung, während glattes Material lässigen Glanz und weichen Fluß erzeugt. Alle diese Materialeigenschaften können in einem künstlerischen Werkstück ausprobiert und sinnentsprechend kombiniert werden.

Wenn man auf die Struktur, das heißt, auf Stärke und Rauheit oder Glätte des Materials achtet und in diesen Eigenschaften die eigentlichen künstlerischen Gestaltungsmittel sieht, muß man die farbigen Qualitäten der Materialien in den Hintergrund stellen. Das ist allgemeingültiger künstlerischer Grundsatz, über den man in allen Werkbereichen nicht hinweggehen kann. So ist bei dem hier abgebildeten Paravent nur mit weißer bis eierschalenfarbener Wolle verschiedener Stärke und Struktur gearbeitet worden, wobei mit Absicht auf jede Farbbeigabe verzichtet wurde. Trotzdem wirkt dieser Paravent reich und wohltuend für das Auge. Die vielen Tönungen entstehen nur durch die verschiedenen Lichteinfälle, die das Material manchmal glänzend aufleuchten, manchmal in gelblichen bis bräunlichen Schatten dämmern lassen. Diese Wirkung erlebt man hauptsächlich bei Gegenlicht.

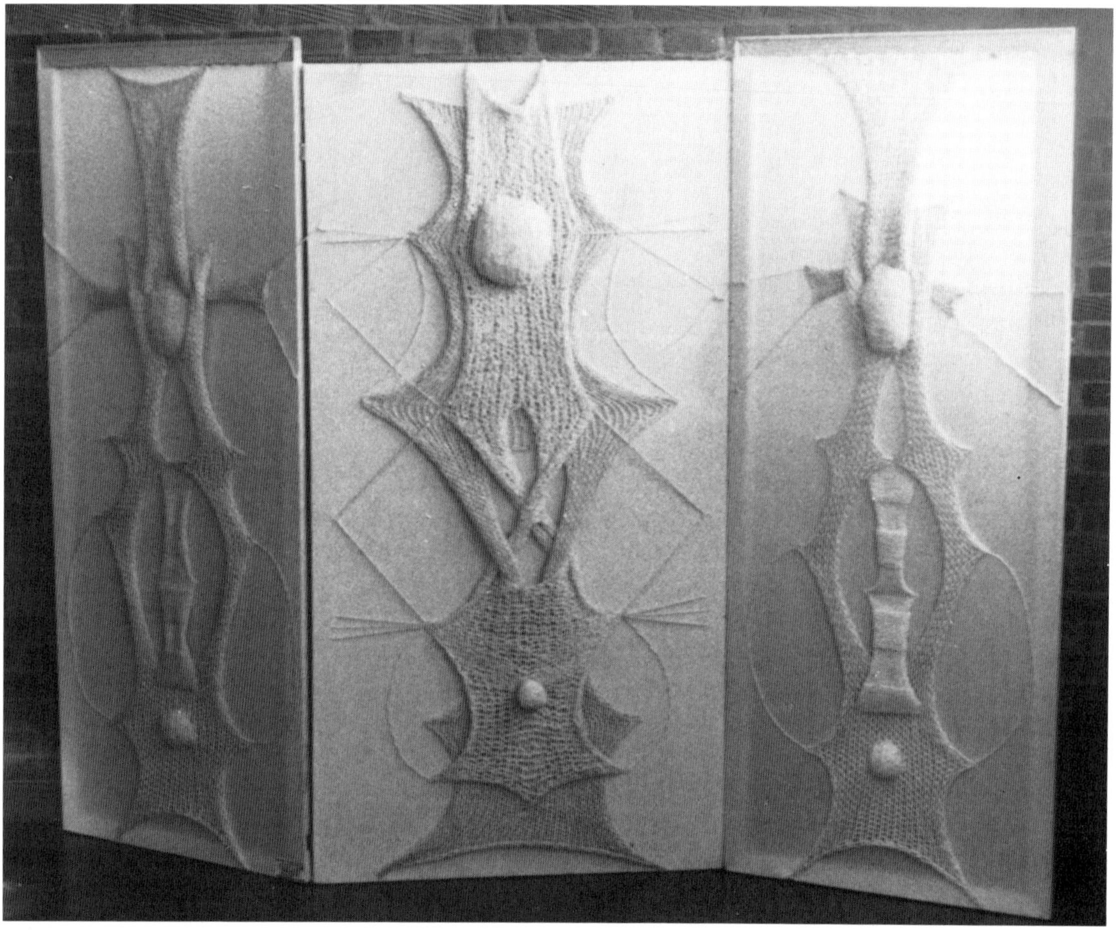

Als Hintergrund ist nur weißer Wolltrikot in die Rahmen gespannt, der diese Schatten im Spiel des Lichtes aufnimmt und weitergibt. So wurde hier mit größter Konsequenz darauf hingearbeitet, die Wirkung plastischen Materials zur Geltung zu bringen und dessen Charme zu zeigen.

Nun sind hierzu selbstverständlich *einige Richtlinien* zu geben, die beachtet werden sollten, wenn man sich an solchen Kombinationen versucht. So werden die einzelnen Elemente des Paravents vorher als lange Rechtecke gestrickt, die man höchstens in der Mitte oder an den Enden schon während des Strickens spalten sollte. Mit Sorgfalt werden für jedes Material die passenden *Stricknadeln* entsprechend den beschriebenen Regeln ausgesucht.

Die Paraventflügel aus Holz müssen vor dem Aufmontieren des Gestricks einen Überzug aus weißem Trikotstoff erhalten. Dieser muß ziemlich straff gespannt werden, wobei zwei Personen zum Ziehen und Festheften mit dem Tacker erforderlich sind. Diese

Spannung des Hintergrundes ist wichtig, weil sich nur dann das Gestrick gut befestigen läßt. Zu schwach gespannter Hintergrund sinkt bei Belastung in sich zusammen und läßt aufgesetztes Gestrick unansehnlich erscheinen.
Zur Prüfung der Komposition sollte man das Gestrick zunächst mit Stecknadeln auf dem Hintergrund befestigen. Dabei entwickeln sich Bögen, die sehr dekorativ zu Ornamenten umgearbeitet werden können. Durch die Spalten des Gestrickes können weitere Strickelemente eingeführt werden, die wiederum unter oder über der ersten Gestricklage mit Stecknadeln befestigt werden. Es ist sogar möglich, Gestrick in einer mittleren gespaltenen Passage diagonal um die eigene Achse zu drehen, um es dann im straff gezogenen Zustand festzustecken, oder auch durch Spalten Enden von Gestricklappen zu ziehen, die nach außen gespannt werden und sehr dekorative Muster erzeugen. Zusätzlich kann über dieses Arrangement ausgestopftes Gestrick aufgesetzt werden, was diese dekorative Wirkung ergänzt.
Vor einem Zuviel an Beigaben ist aber abzuraten. Das Ornament muß übersichtlich genug bleiben und sollte in all seinen Teilen die Harmonie verraten. Alles Überladen entbehrt den Charakter der Schönheit. Wenn man eine solche Arbeit mit Musik vergleichen möchte, so ist es die *Kunst der Fuge,* die hier Pate stehen könnte.
Wird nun das ganze Arrangement nach sorgfältiger Überlegung als harmonisch empfunden, so beginnt das Festnähen der Einzelteile und das weitere Verspannen der Enden mit dem Außenrahmen. Die Fäden, die man dazu verwendet, sollen die Komposition nicht stören, sondern ergänzen. Damit die Spannfäden, die zum äußeren Rahmen führen, nicht isoliert stehen, können zusätzlich bogige Formen aus Wollmaterial gestickt werden, die den Schwung der Komposition sinnvoll ausklingen lassen.
Selbstverständlich müssen alle drei Paraventflügel als Gesamtkomposition betrachtet werden können, bei der die Bewegung von einem Teil zum anderen weitergeht. Der mittlere Teil der Paraventflügel soll dominieren, indem er etwa das massivere Gestrick trägt. Dort liegt unbedingt der Schwerpunkt. Die beiden Seitenflügel korrespondieren mit diesem Zentrum, indem sie mit ihren Spitzen und Buchtungen den Rhythmus des Mittelstückes auffangen und weitergeben. Diese Seitenteile könnten sogar in

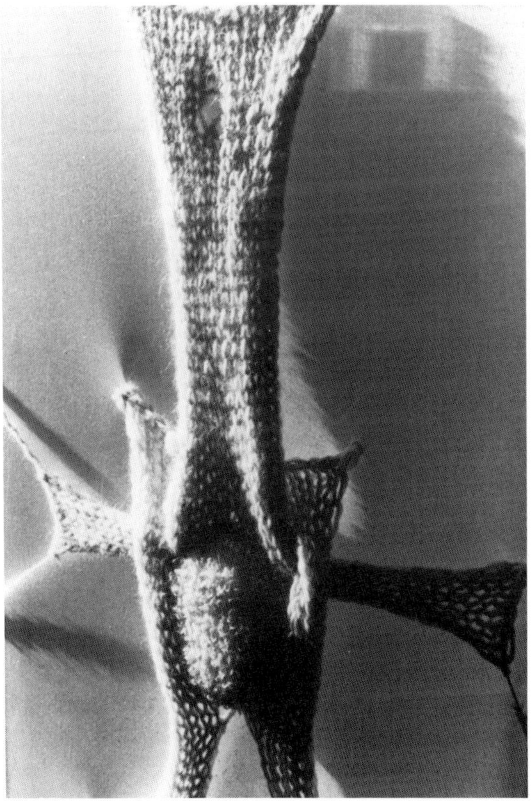

strenger Symmetrie völlig gleich sein. Sie sollten zumindest für die Optik des Auges in Bewegung und Gewichtsverteilung eine gewisse Symmetrie in der Ergänzung des ornamentalen Gebildes nach rechts und links darstellen.

Dieses System könnte aber auch durch eine freie Kompositionsweise ersetzt werden, die aber schwerer zu beherrschen ist und einiger Erfahrung bedarf.

Wer sich einen Paravent erarbeiten will, möge die hier und auf der Farbseite 112 gezeigten nur als Anregung nehmen, dann aber ganz selbständig, wenn auch unter Beachtung der gegebenen Ratschläge, entsprechend dem persönlichen Geschmack gestalten. Es wäre zum Beispiel möglich, einen solchen plastisch bereicherten Paravent auch in Naturmaterial herzustellen, etwa aus Sisal und Hanf über Rupfengewebe oder gar aus Lurex-Gestrick über einem Lurex-Grund. Es wäre auch möglich, Paraventflügel aus Leder mit gestrickten plastischen Lederstrickarbeiten zu überspannen. Gerade auf diesem Wege könnten interessante Wirkungen erreicht werden, indem man Leder in dünne und dicke Riemen schneidet und diese mit Nadeln unterschiedlicher Stärke verstrickt, um sie dann im Wechsel mit glatten Lederpartien auf der Grundfläche des Paravents zur Komposition zusammenzubauen. Alkantara kann einen ähnlichen Zweck erfüllen und ist leichter zu bearbeiten.

Nur fehlt bei allen massiven Materialien natürlich jene Transparenz, die man bei dem abgebildeten Paravent als besonderen Effekt erleben kann. Dafür ist die Oberfläche und Farbqualität von Leder und Alkantara durch Farbe und Struktur etwas Kostbares. Die Wirkung der Schatten unterstreicht hier hauptsächlich die Plastizität.

Bewegtes Stricken

Daß man in bewegten Partien weben kann, ist allgemein bekannt. Aber daß man auch »bewegt« stricken kann, ist sicher etwas Neues.

Beim bewegten Weben entsteht die wellenförmige Wirkung der Webpartien durch bogenförmiges Einlegen des Schusses in eine gerade stehende Kette. Dabei sind verschie-

Bewegtes Stricken. Das bewegte Stricken bewirkt, daß wellen- und spindelförmige Gebilde entstehen. Es wird vor allem durch den Wechsel von Struktur und Farbe des Garnes interessant. Mohair gegen Mooswolle, Noppengarn gegen glatte Fäden zu setzen, ist eines der Wirkungsmittel des bewegten Strickens. Erst beim Spannen in ein Gerüst erkennt man seine Schönheit. Eine gewisse Kunstfertigkeit gehört dazu, so fehlerlos auf- und abzunehmen, daß eine ebenmäßige spannungsgleiche Fläche entsteht.

dene Zwickelfüllungen notwendig, denn es ist wichtig, daß eine gleichmäßige, spannungsfreie Oberfläche entsteht, die keine Lücken aufweist.

Diese Technik vom Weben auf das Stricken zu übertragen ist nicht schwer. Auch hier handelt es sich um Bogenformen, die spindelartig spitz auslaufen und ineinandergreifen, um gestrickte Zwickelfüllungen und um das Erzielen einer möglichst homogenen, spannungsfreien Oberfläche. Es soll also nach Möglichkeit Garn gleicher Stärke verwendet werden, wobei man unbedingt bei einer Nadelstärke bleiben muß. Auf Sonderfälle, die Ausnahmen von dieser Grundbedingung erlauben, wird später noch eingegangen.

Das Entstehen eines einfachen Werkstückes in dieser Technik soll nun kurz beschrieben werden. Man beginnt mit dem Stricken eines langgezogenen Keiles und setzt über diesen mit Garn von anderer Farbe, eventuell auch anderer Struktur, aber gleicher Stärke, eine weitere Tour Gestrick, die eventuell auf der entgegengesetzten Seite durch Aufnehmen überhöht wird. Nun wird die Mulde, die in der Mitte entstanden ist, mit einer weiteren Farbe – wieder durch Auf- und Abnehmen im Ineinandergreifen der Maschen – mit Gestrick gefüllt. Das geht so weiter bei Benützung aufeinander abgestimmter Farben und bei Einhaltung eines gezielten rhythmischen Wechsels von großen und kleinen, breiten und langen Farbpartien, bis ein rechteckiges Stück gestrickt ist.

Wie schon gesagt, ist es unbedingt notwendig, Spannungspunkte innerhalb des Gestricks zu vermeiden. Dann läßt sich ein solcher rechteckiger Lappen in bewegter Strickart leicht in eine größere Rechtecksform dehnen.

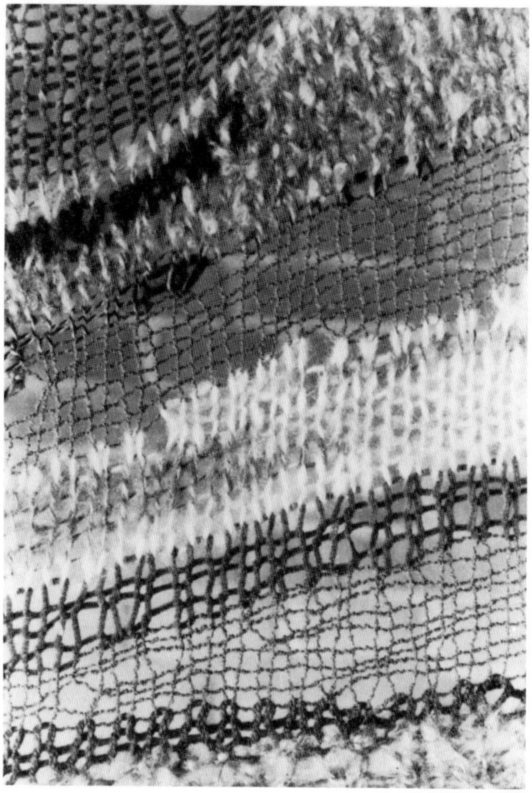

Bewegte Strickarbeit kann für große Flächenfüllungen wie Fliegengitter, Paravents, Raumgehänge und so fort verwendet werden. So ist zum Beispiel der abgebildete Paravent entstanden. Ein rechteckiges, lockeres Gestrick, das in ungespanntem Zustand ungefähr ein Viertel der Flächengröße des Paravents maß, wurde über die drei vorher gelenkig miteinander verbundenen hölzernen Paraventflügel gespannt und durch Tacken aufmontiert. Diese Arbeit erfordert zwei Personen, wie schon beschrieben.

Durch das absolut homogene Stricken des rechteckigen Lappens ist auch eine völlig gleichmäßige und schön in sich geschlossene Oberfläche des bewegt gestrickten Paravents entstanden. Ein bißchen Übung in dieser neuen Strickart muß natürlich erst gewonnen werden, ehe man sich an so große Werkstücke wagt.

Spitzen aus Gestrick

Man könnte auch den umgekehrten Weg beschreiten und ein Stück Gestrick aus zähem Material wie Perlon-, Dralon- oder Leinengarn in einen Rahmen spannen. Dieser Rahmen kann aus Plexiglas, Holz oder Metall sein. Der Struktur des Gestricks wegen ist ein dünner Rahmen zu bevorzugen.

Ist nun dieses Gestrick straff gespannt, so kann mit seiner Auflösung begonnen werden. An irgendeiner Stelle wird die erste Masche gelöst. Mit den Händen verfolgt man die Spur, die sie beim Herabfallen zeichnet, und gestaltet sie durch verschiedenes Weiten oder Längen dieses Kanals. Maschen können in der nächsten Umgebung aufgeschnitten und in ihrem Lockerungsverlauf mit der ersten Spur verbunden werden, und so kann schließlich ein ganzer Komplex gelöst, anschließend fixiert und dabei endgültig geformt werden.

Wenn das Gestrick von Anfang an straff genug gespannt war, dann lockert sich zwar die Spannung, aber das Gestrick dürfte sich nie so ausdehnen, daß es im Rahmen keinen sicheren Halt mehr hat. Sollte an einer Stelle eine zu starke Aufweichung des Grundgefüges entstehen, so sind zusammenraffende Stützstiche notwendig, die gestaltend einzubauen sind. Die Verfremdung des Gestricks kann sogar so weit gehen, daß über die aufgelöste Struktur mit dem Garn des Grundes oder einem ihm verwandten Garn gestickt werden kann, so daß die Strickstruktur zuletzt überhaupt nicht mehr als solche zu erkennen ist und der Eindruck einer sehr reichen, interessanten Spitze entsteht.

In dieser Technik lassen sich sehr schnell und gut Tür- und Fensterfüllungen sowie Paravents und Gehänge fertigen. Was man da-

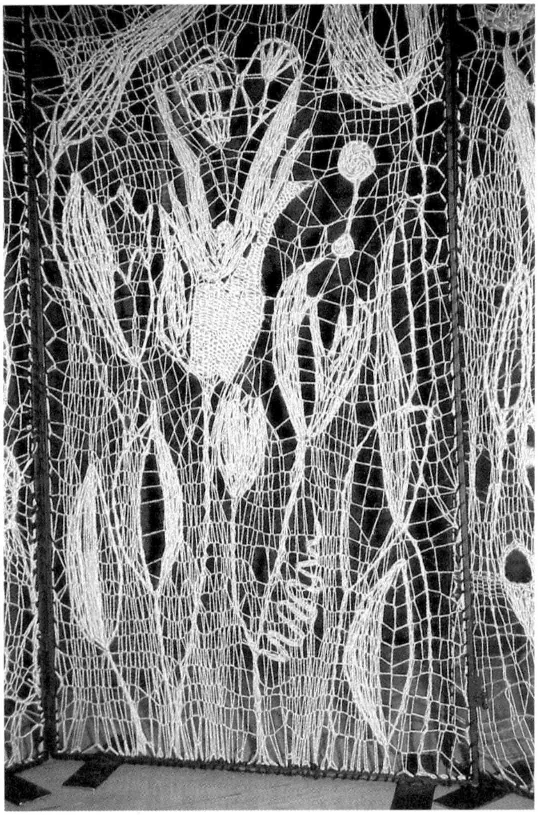

Ausschnitt aus einem gestrickten Paravent. Ein Netz aus gelbem Gestrick in glatter Baumwolle ist hier nach dem Spannen in einen Eisenrahmen durch Übersticken und Ergänzen mit Webarbeit verfremdet worden. Schon während des Arbeitens wurde das Stricknetz partienweise zusammengeschoben, damit der Eindruck von Blättern, die nach oben streben, entsteht. Tulpenartige Gebilde entfalten sich durch das Verschieben des Gestrickes; je nach Bedarf sind Flächen mit Webarbeit ausgefüllt oder nur im Charakter der Strickstruktur verdichtet worden.

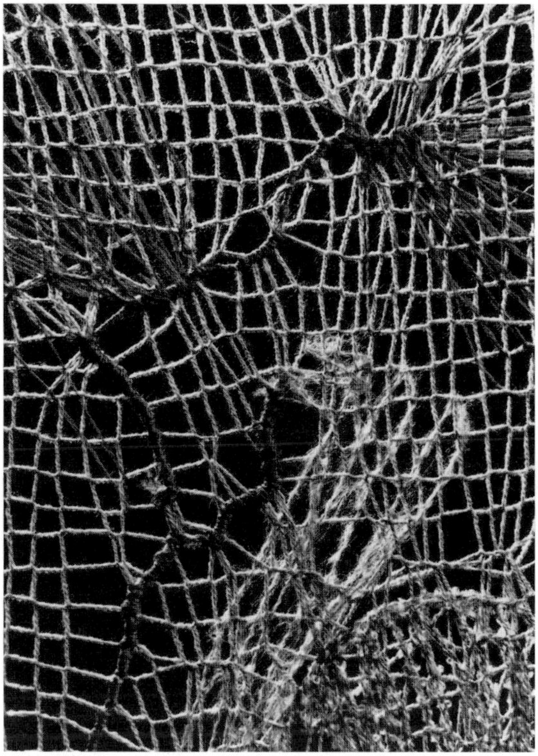

Ausschnitt aus einem gestrickten Paravent. Hier sieht man, wie »Strickereitüll« durch Übersticken geformt wird. Manche Touren sind durch kräftiges Überwickeln verstärkt worden und stehen neben den Flächen der Stopfarbeit als lineares Element in der Fläche.

bei an Musterungen und Farbspielen erreicht, ist immer wieder faszinierend.
Selbstverständlich wird jeder die Materialien nach seinem Geschmack auswählen und miteinander verbinden und auch bei der Verfremdung durch Stickerei den persönlichen Ausdruck anstreben.
Eine Grundregel gilt bei dieser Technik: Da es eine Spitze ist, soll das Material, mit dem die Ornamente ausgearbeitet werden, in Farbe und Struktur dem Material des Grundgestricks entsprechen. Am besten nimmt man Garn, das man bei Bedarf auch spalten kann, um zartere Formen auszusticken. Die Verwendung eines weiteren Materials ist schon kritisch, aber selbstverständlich kann sich jeder, der über einen sicheren Geschmack verfügt, eine solche Ausweitung der Technik erlauben.

Paravent mit Strickspitze

Bis jetzt war viel die Rede von aufgelöstem Gestrick, das durch Übersticken einem festen Grundgewebe einverleibt wurde. Diese Form des »Überfremdens« hat eine Komponente, die bei Paravents, Fliegengittern und Raumteilern aktuell werden kann, nämlich die Herstellung von durchsichtigen Strickspitzen.
Da eine Spitze ohnehin etwas Zartes ist, kann man für solche Paravents keine Holzleisten verwenden. Am besten benützt man für das Gerüst gebogene oder rechtwinklig verschweißte Eisenstangen oder gebogenen starken Eisendraht, der durch Schweißen die gewünschte Rechtecksform bekommt. Eine Versteifung in der Mitte durch eine zusätzliche Querstrebe aus dem gleichen Material festigt das Paraventgerüst, so daß es auch Druck und Spannung aushalten kann, denn das Gestrick wird in den Öffnungen der Paraventflügel aufgehängt und gespannt – je straffer desto besser.
Was bis jetzt über Spitzen aus Gestrick geschrieben wurde, gilt auch und vor allem für diese Spitzenparavents, denn es werden dabei, wie schon bei den bisher erwähnten Verfremdungen von Gestrick, verschiedene Techniken angewandt. Dazu gehören etwa das Auf- und Abnehmen, Fallenlassen von Maschen, Dehnen, Zusammenziehen und

Einziehen von neuen Fadenpartien. Dabei muß das bearbeitete Stück Gestrick nicht besonders groß sein, denn es läßt sich zu einem vliesartigen Gebilde auseinanderdehnen und nach Wunsch im Felde eines Paravents einspannen. Die Aufhängefäden können dekorativ verwendet werden und spielen keine geringe Rolle bei der anzustrebenden Komposition.

Bei dem hier gezeigten Paravent ist das Grundgestrick für alle sechs Teilfelder gleichzeitig gefertigt worden. Auch das Einspannen geschah in einem Zug, damit auf jeden Fall eine zusammenhängende Gesamtkomposition erreicht werden konnte. Die Bewegung sollte sich unbedingt von einem Feld zum anderen fortsetzen und in einem fortlaufenden Rhythmus schließen, da eine großzügig angelegte Graphik aus Gestrick angestrebt wurde. Die Zusammengehörigkeit der Teilornamente sollte durch die Aufhängefäden zusätzlich betont werden, indem diese das Gestrick nicht nur in den Feldern fixieren, sondern als kompositorische Elemente die optische Verbindung zwischen den einzelnen Teilen herstellen.

Betrachtet man die nebenstehende Abbildung, so erkennt man genau, daß sich die beiden oberen Außenfelder in ihrem bogenförmigen Rhythmus fast kreisartig um das mittlere obere Innenfeld schließen, während die beiden unteren Gestrickvliese sich in Fischform von der unteren inneren Ecke zur oberen äußeren Ecke bewegen und so direkt mit ihren breiten unteren Teilen, speziell mit deren Spitze in das untere Mittelfeld übergehen. Die sonnenartigen Figuren, die stickerisch hergestellt wurden, sind rechts und links vorhanden, stimmen aber in Bewegung und Größe nicht symmetrisch miteinander überein. So ist im Groben das System dieses Paravents zu verstehen, dem natürlich noch viele andere Systeme beigegeben werden können.

Da bei diesem Paravent Homespunwolle verwendet wurde, die bekanntlich wie bei einem handgesponnenen Faden wechselnde Stärken aufweist, weist die Spitze einen sehr interessanten Charakter auf. Es läßt sich natürlich auch aus jeder anderen Strukturwolle eine sehr variable Spitzen-Technik entwickeln. Jedes Material ergibt seine eigene Graphik, die durch den Künstler durch genaues

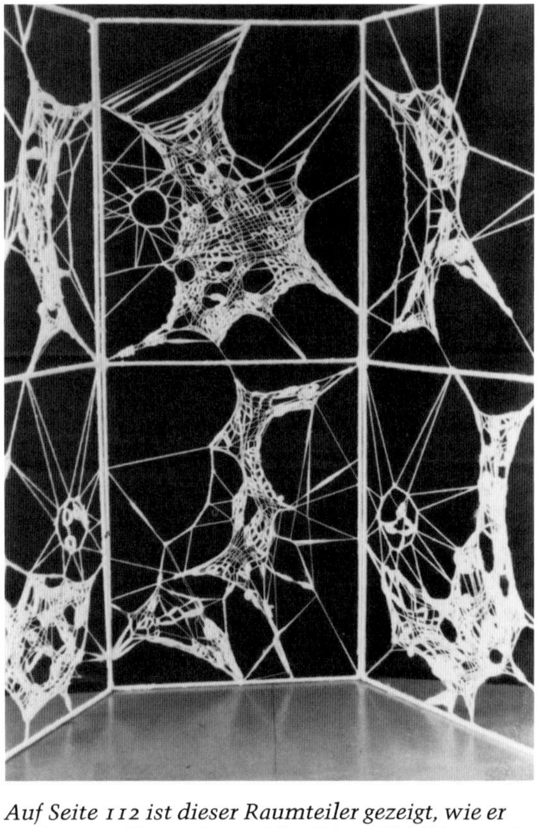

Auf Seite 112 ist dieser Raumteiler gezeigt, wie er im fertigen Zustand aussieht. Diese Abbildung zeigt den Entwicklungszustand vor dem Füttern der Flügel. Die Eisenrahmen sind mit weißem Garn umwickelt und hängen durch Schlaufen aneinander.

Überlegen und sorgfältiges Experimentieren zu dem ihr gemäßen Ausdruck entwickelt werden muß. So könnten Hunderte von Paravents aus ebensovielen verschiedenen Materialien in Strickereispitze entstehen, und jeder trüge doch wieder seinen eigenen Charakter und wäre ganz und gar von den anderen verschieden.

Wie bei »plastisch aufgesetztem Gestrick« gilt auch hier die Regel: Struktur überwiegt Farbe. Bei einer Spitze soll man möglichst nur *eine* Farbe beziehungsweise *eine* Tönung verwenden, da durch den Spitzencharakter ohnehin starke graphische Bewegung entsteht, die nicht genügend zum Ausdruck kommt, wenn ein solches Gebilde farbig unterteilt wird, die aber um so schöner zur Geltung gelangen kann, wenn dieses Gesetz der Zurückhaltung in der Farbe bei starker Strukturierung befolgt wird. Es dürfen höchstens sehr nahe nebeneinanderliegende Töne verwendet werden, wobei aber durchaus zu beachten ist, daß das Grundkonzept der Spitze nicht durch die Farbe unterbrochen, sondern höchstens *unterstrichen* wird.

Da sich herausstellte, daß die Strickspitze bei dem abgebildeten Paravent »durchfiel«, war es notwendig, ihn zu füttern. Das geschah mit einem ziemlich transparenten, naturfarbenen Baumwollstoff, der das Licht stark absorbiert und die Schatten der Strickspitze aufgenommen hat. Diese Wirkung von Schatten und transparenter Spitze hat sich als besonders apart erwiesen.

Paravent in Patchwork

Oft bleiben Strickteile liegen und warten auf eine weitere Benützung. Solcher »Abfall« kann zu einem schönen Paravent verwendet werden, indem man noch einige Stücke zur Ergänzung strickt, bis sie zur Flächenfüllung der Flügel ausreichen. So ist der abgebildete Paravent entstanden. Er zeigt verschiedene Rechtecke in gut aufeinander abgestimmten Farben, die in verschiedenen Größen ineinandergreifen und sich auf diese Weise zur einheitlichen Farbkomposition ergänzen.

Wie schon mehrmals erwähnt, dürfen die Stricklappen *je nach Lockerheit des Strikkens* nur die Hälfte bis höchstens zwei Drittel der auszuspannenden Fläche abdecken.

Schon vor dem Beziehen mit Patchwork muß das Paraventgerüst in der Farbe, die bei der jeweiligen Komposition vorherrscht, umwickelt werden. Dann ist auch das Aufnähen des gespannten Gestrickes kein Pro-

blem. Selbstverständlich muß es zuvor mit Stecknadeln auf diesen Wickelrändern befestigt werden, damit beim Nähen nichts verrutscht.

Als erstes freilich müssen die einzelnen Teile zur entsprechenden Rechtecksform zusammengenäht werden, und zwar so, daß keine Spannung zwischen zu dicht und zu locker gestrickten Partien entsteht. Man muß immer dem lockeren Gestrick mehr Dehnkraft zumessen als dem festen und das schon während des Zusammennähens berechnen. Gerade diese Technik bietet eine sehr einfache Möglichkeit zur Entwicklung schöner Paravents. Die Vorteile sind, daß Reste verwendet werden können und die Arbeit schnell vor sich geht. Dabei ist die Wirkung verblüffend. Vor allem gewinnen solche Paravents, wenn sie im Gegenlicht stehen oder vom Licht schräg angestrahlt werden. Das Spiel des Lichtes belebt sie.

Zu bunt dürfen sie allerdings nicht sein. Es muß immer auf gute Harmonie innerhalb einer Farbfamilie geachtet werden.

Große Türfüllung aus der Hand von zehnjährigen Knaben

Diese Arbeit soll hier auch in ihrer Entstehung ausführlicher beschrieben werden, weil sie zeigt, wie durch das Stricken auf einfache Weise praktische und kunsterzieherische Ziele verfolgt werden können. In einer Volksschulklasse wurde eine fliegengitterartige Türfüllung benötigt. Nach einer Beratung gingen die Schüler unter Anleitung des Lehrers ans Werk. Die Maße wurden genau bestimmt, und Schüler einer höheren Klasse halfen, aus starkem Eisendraht das Gerüst der Türfüllung zusammenzubauen.

Türfüllung in überstricktem Strickereitüll. Zehnjährige Buben haben für ein Eisengerüst, das die Größe einer Tür hatte, schwarze lockere Lappen in glatten Maschen gestrickt. Durch Spannen ergaben sich tüllartige, transparente Flächen. In diese haben die Buben nach eigenen Entwürfen große Ornamente gestickt, die im Wechsel mit kleinen Ornamentformen standen. Das Ergebnis ähnelt den Stickereien und Stoffmalereien von Naturvölkern und ist dadurch ein Beweis für eine dem Menschen angeborene Gestaltungskraft, die durch geeignete pädagogische Maßnahmen gefördert werden kann.

Diese sollte den praktischen Zweck erfüllen, im Sommer die Fliegen abzuhalten. Sie mußte also mit tüllartigem Gewebe bespannt werden. Dieser Tüll sollte aus dünner, schwarzer Wolle selbst gestrickt werden. Ein weiterer Zweck dieses Vorhabens war natürlich, den Buben auf diesem Weg das Stricken beizubringen.
Mit dicken Nadeln gingen diese an die Arbeit und hatten bald rechteckige Lappen gestrickt, die um etwa ein Drittel kleiner waren als die zu bespannenden Rahmensegmente. Da sie aus Kinderhand kamen, waren sie natürlich teilweise recht flüchtig gestrickt, was sich aber als durchaus zweckentsprechend erwies, denn fehlerhaftes Gestrick läßt sich manchmal künstlerisch besser umarbeiten als zu akkurates. Diese Stricklappen wurden von den Kindern in die einzelnen Segmente der großen Türfüllung eingespannt.
Nun konnte die eigentliche künstlerische Gestaltung beginnen. Es war vorgesehen, jedes Feld dieses »Stricktülles« mit gestickten ornamentalen Figuren auszufüllen, die zuvor auf Papier entworfen wurden. Kindern dieses Alters liegen lineare ornamentale Gestaltungen. So waren bald brauchbare Ergebnisse da. Der Lehrer achtete auf eine möglichst reiche Ausfüllung des Feldes.
Viel Spaß machte den Schülern das Sticken der Ornamente aus dicker und dünner schwarzer Wolle sowie aus schwarzem Strukturgarn. Durch den Wechsel von dikkem und dünnem Garn ergab sich die Möglichkeit im Sinne der Kontrastlehre bei den Schülern den Sinn für Formqualitäten zu entwickeln. Dick gegen dünn, rauh und glatt gegenüberzustellen, ist ja ein Mittel der künstlerischen Gestaltung.
Als schließlich die gestrickte Türfüllung fertig war, staunten die Schüler über deren großartige Wirkung. Sie hatten mancherlei erfahren über die Regeln künstlerischen Gestaltens und so ganz nebenbei auf spielerische Art auch das Stricken gelernt.

Gehänge in Metallrahmen

Solche Gehänge, die abstrakte Strickbilder tragen, können entweder frei im Raum aufgehängt oder -gestellt oder auch als Wanddekorationen benutzt werden, wenn sie auf der Rückseite mit entsprechendem Stoff gefüttert sind.
Bei jedem Versuch kann man in Farben, Ma-

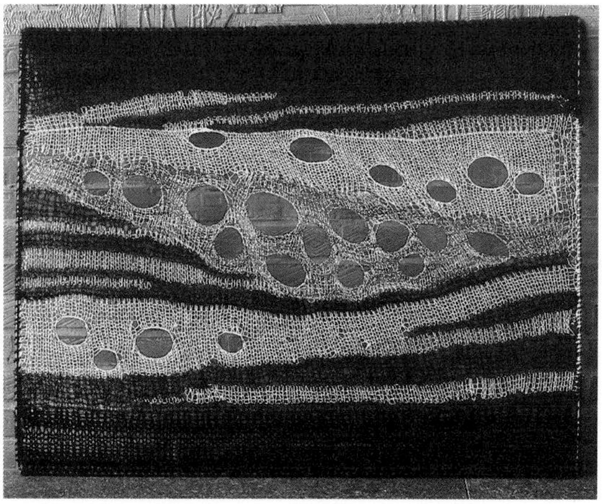

Dieses Strickbild ist mit verhältnismäßig dicker schwarzer Wolle, die mit dunkelblauer Mohair-Wolle abwechselt, begonnen worden. Lichtgraue bewegte Strickpartien führen in ein großes weißes Feld über, das durchlöchert ist. An dieses grenzt Silbergestrick mit noch mehr und größeren Löchern an, das schließlich in gewebte Strickpartien in Rot und Silbergrau verebbt. Nochmals tritt ein weißes Strickereifeld mit einigen Löchern auf. Dunkle und helle bewegte Partien führen zum unteren Rand über, der dem oberen gleicht. Durch das straffe Auseinanderspannen des Stricklappens mit dieser Musterung öffnen sich die Kreise und glättet sich die Fläche.

terialien und Manipulation des Gestrickes eine andere Idee verfolgen. Auch hier eröffnet sich für die Zukunft ein noch weithin brachliegendes Feld künstlerischer Strickerei. Es hat manche Verwandtschaft mit den Paravents, denn die Bedeutung des Lichts ist bei beiden gleich. So können gerade die kahlen, modernen Wohnungen durch solche Gehänge eine wertvolle Bereicherung erfahren, die sie gemütlich macht und ihnen persönlichen Charakter verleiht.

Eine Variante dieser Technik ist das Aufziehen von Gestrick über einen mit Stoff überzogenen Reifen. Man kann auch umgekehrt vorgehen und eine bereits gefertigte Spannarbeit auf der Rückseite mit Stoff füttern. Die Korrespondenz zwischen diesem Hintergrund und dem Fadenraster muß beachtet werden, so daß etwa Leinengestrick auf Leinengrund, Wollgestrick auf Wollgrund steht. Diese Technik kann soweit geführt werden, daß beim Auseinanderspannen von verfremdetem Gestrick sogar auf die Form verschiedener Farbfelder des Untergrundes eingegangen wird.

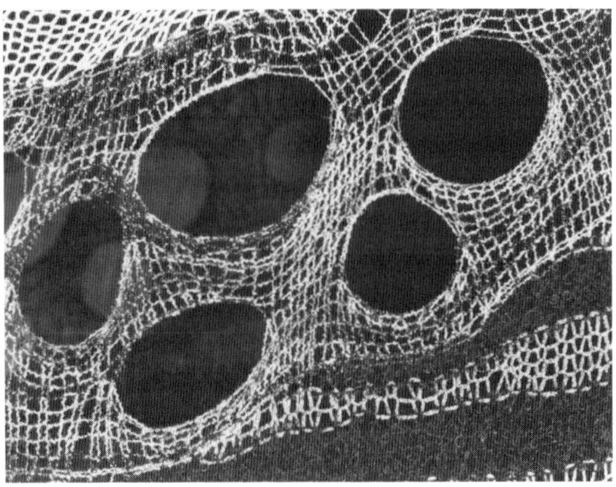

Lochpartie aus Silberstrickerei (Ausschnitt). Diese Löcher sind dadurch entstanden, daß beim Abnehmen auf der rechten Seite einfach weitergestrickt wurde. Bei der Rückkehr wurden genau an dieser Stelle ebensoviele Maschen aufgenommen. Daß sie sich zu Ovalen und Kreisen weiten, kommt aus der Spannung, unter der sie stehen, da sie sich in einer Gruppe befinden. Je größer die Gruppe der auf diese Art gestrickten Kreise ist, desto vollkommener zeigen sie sich in ihrer Form.

Runde Gehänge für moderne Wohnungen

Da das Stricken seine besondere Qualität als Gestaltungstechnik durch die Auflösung und Umformung beweist, lassen sich sehr schöne Gehänge für Wohnungen schaffen.

Verfremdetes Gestrick bedarf des Spannens. Nur so zeigt sich seine Graphik und entwikkelt sich sein interessantes Linien- und Formenspiel, das typisch für diese Technik ist. Wie schon gesagt, ergibt jedes Material, ob dick oder dünn, glatt oder kraus, strukturiert oder nur gedreht, seine eigene, typische Wirkung. Strukturen des verzogenen Gestrickes entfalten sich immer aus der Grundqualität des Materials. Soll das Ergebnis massiv wirken, so verwendet man kräftige Garne, soll es zart sein, so benützt man hauchdünne Fäden.

So sind zum Beispiel bei diesem Gehänge verschiedene Elemente aus sehr feinem Leinengarn gestrickt worden, die beim Auseinanderbreiten wie Schnecken und Muscheln wirken. Sie sind in einem großen Rahmen aus gebogenem Draht aufgehängt und zueinander gruppiert, wodurch sie an Volumen gewinnen. Durch immer weitere Fortführung der Verspannungen und Verdichtungen in Stick- und Webtechnik ist schließlich das ganze runde Feld rhythmisch gefüllt worden. Ein Fisch aus gespanntem Gestrick steht in einem Ring aus festem Draht. Die Fixierung

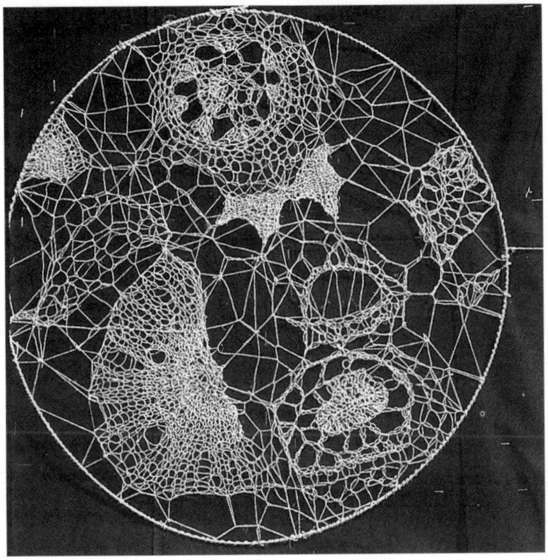 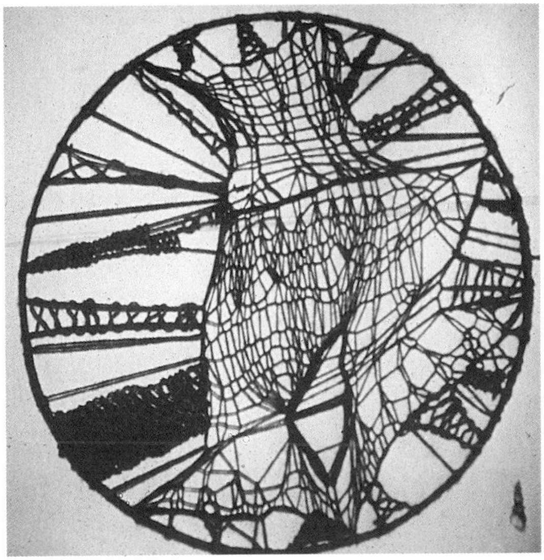

eines solchen Gebildes läßt sich nur durch viele Hilfsfäden bewerkstelligen, die man anbringen muß, bis es straff gespannt den vorgesehenen Raum einnimmt. Nun können weitere Hilfsfäden dazukommen, die in zunehmender Verdichtung immer mehr die Rundung des Kreises füllen. In diesem Fall gingen sie von verschiedenen Fixpunkten aus, wie zum Beispiel dem Schwanz, den Füßen, dem Maul, den Zacken des Rückens und streben fast radial dem Kreisbogen zu.

Lampenschirm, der mit Gestrick überzogen ist

Das warme Licht einer Lampe kann noch gemütlicher wirken, wenn der Lampenschirm in seiner Fläche strukturiert ist.
Während viele Möglichkeiten des Stickens und Applizierens von Lampenschirmen bekannt sind, ist die des Strickens noch völlig neu. Hier also der Vorschlag anstelle eines Pullovers einmal einen Lampenschirm zu stricken. Als Grundlage dient ein sehr lockeres Gestrick aus echter oder künstlicher Seide, dem man bereits während des Strikkens durch Auf- und Abnehmen eine bestimmte Form gibt. Ist sie interessant genug, so wird das Gestrick mit Nadeln über das Gewebe eines Lampenschirmes gesteckt, bis es die gewünschten Umrisse hat. Durch Lokkern und Fallenlassen von Maschen erhält das Gestrick die notwendige Dehnbarkeit und den angestrebten Ausdruck.
Eigentlich handelt es sich um eine Gestrickapplikation, die überstickt werden kann und dadurch eine sehr interessante Struktur bekommt.
Sehr wichtig ist es, dabei auf die Bauform des Lampenschirmes einzugehen und die Dekoration entweder bandartig oder in einzelnen über die ganze Fläche verteilten Schwerpunkten zu placieren. Gewölbte Lampenschirme verlangen eine andere Behandlung

als glatte. Durch das Übersticken sollte so weit wie möglich der Charakter des Strikkens »verfremdet« werden, damit die Herkunft nicht mehr zu erkennen ist.

Der beschriebene Lampenschirm ist auf dieser Abbildung einem Fuß aus einer perlenüberzogenen Flasche aufgesetzt. Die Lampe steht auf einem handgeschnitzten Hocker aus Nigeria. Den Hintergrund bildet ein spätbarocker Stellschirm, der mit Lederprägearbeit überzogen ist, und in dessen glatter, mit einem Goldmuster bedeckter Oberfläche sich das Licht spiegelt.

Gestricküberzogener Lampenständer

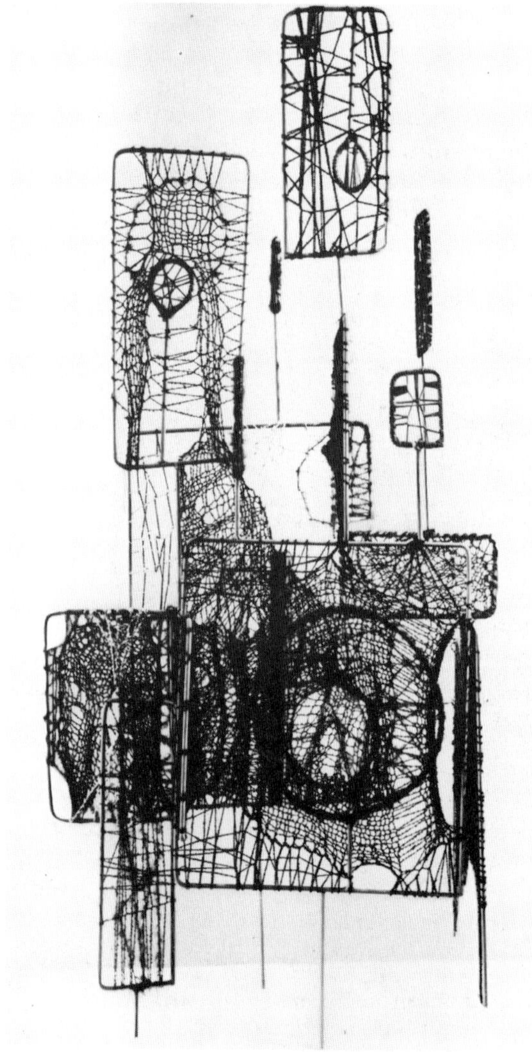

Lampenständer aus einem geschmiedeten Metallgerüst, das in seinen Einzelteilen mit Strickpartien überzogen wurde. Der eigentliche Beleuchtungskörper liegt im unteren kubischen Teil dieses Lampenständers. Beim Einschalten kommt die gitterartige Wirkung des verzogenen Gestrickes zur Geltung. So entstehen zudem interessante Schatten dieser dikken und dünnen Fadenpartien auf dem Boden.

Bodenbeläge und Taschen aus dickem Schnur- und Bandmaterial

Das Weben erfordert Vorrichtungen, die in einem normalen Haushalt nicht vorhanden sind. Wo gibt es schon einen breiten, massiven Webrahmen?
Das Stricken von Bodenbelägen, Fußmatten und Taschen ist dagegen überall ohne Umstände zu bewerkstelligen, da nur dicke Stricknadeln dazu notwendig sind.

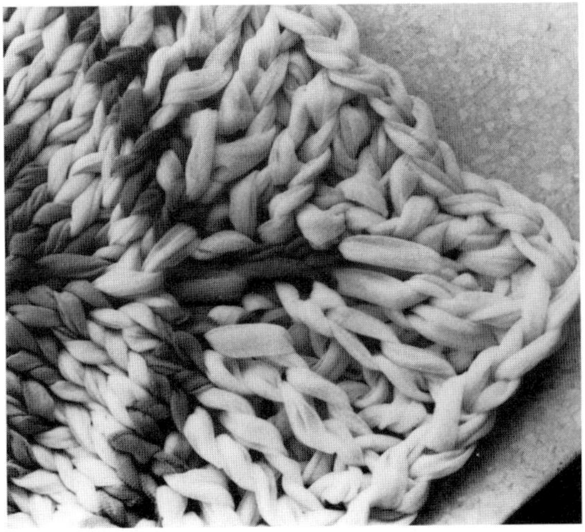

Gestrickter Bodenbelag, der in der Mitte zentriert ist. Mit glatten Maschen ist ein längliches Rechteck gestrickt worden. Rechts und links der Seite entlang sind Maschen aufgenommen worden. So konnte auf einer Rundnadel weitergestrickt werden. Bald schloß sich die innere Rechtecksfläche. Durch Aufnehmen in den Ecken im Wechsel der Streifen in Dunkelblau, Dunkelrot, Weiß und Hellblau entstand so der ganze Bodenbelag. Damit dieser Teppich sich nicht an seinem äußeren Rand rollt, sind die Randtouren im Wechsel von linken und rechten Maschen gestrickt worden. Die Abbildung zeigt eine Ecke, an der diese Technik besonders deutlich zu sehen ist.

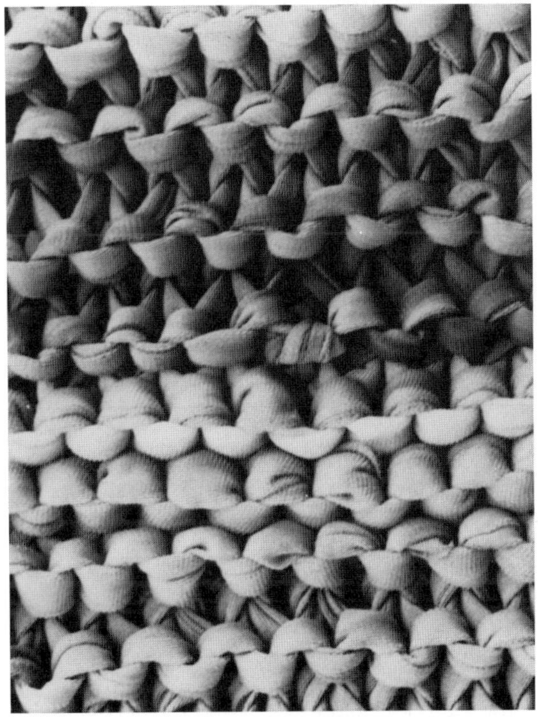

Bodenbelag aus gestrickten Trikotbändern. Mit sehr dicken Nadeln kann solches Material gestrickt werden. Soll ein gleichmäßig breiter Teppich entstehen, so ist es am besten, wenn man ihn durchwegs glatt strickt, auch auf der Rückseite. Er wird dadurch so füllig, wie der hier abgebildete grüne Bodenbelag. Weil diese Trikotbänder handgefärbt sind, ist der Farbton unregelmäßig über der Oberfläche des Gestricks verteilt, was den besonderen Reiz dieses Teppichs ausmacht. In gleicher Art können auch Farbstreifen eingestrickt werden. Solche Bodenbeläge ähneln den bäuerlichen Fleckerlteppichen und können in bäuerlichen Wohnungen oder in modernen Bauernstuben diese ersetzen, wenn man an Stelle der Trikotbänder Stoffbänder verarbeitet, die man aus abgelegten Kleidungsstücken oder sonstigen Stoffresten schneidet.

Das Material kann dickes Garn, Kordeln, Hanf- und Sisalschnur, in Bänder geschnittene Trikot- und Stoffware sein.
Hier sollen aus der Fülle der Möglichkeiten ein paar Beispiele solcher schöngestalteter Gegenstände für den Alltag herausgegriffen werden. Sie sind in kurzer Zeit herzustellen und bereichern die Wohnung aufs beste.

Gestrickte Tasche aus Bandmaterial. In Beutelform wurde in rundem Ansatz diese Tasche gestrickt. Sehr schön ist, wie der obere Bund mit der runden Form des Gegenstandes abschließt. Durch ihn laufen dicke, gedrehte Trageschnüre.

Umhängetasche in Strickerei. Als Material dienten schlammfarbene und moosgrüne Wolle sowie Trikotbänder in graugrünen und braunen Tönen. Beim wechselnden Stricken mit Wolle und Trikotbändern zeigte es sich, daß das Trikotmaterial senkrecht aus dem Gestrick nach oben stieg, was eine reizvolle dekorative Wirkung plastischer Art erzeugte. Der Gegenstand wurde innen mit wasserabstoßendem steifem Material gefüttert.

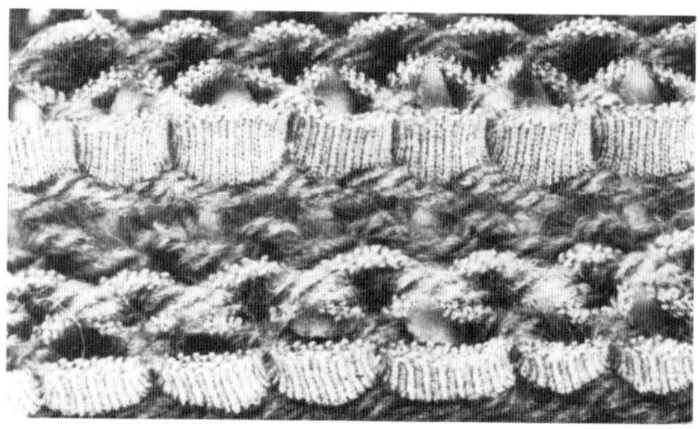

Ausschnitt aus der Tasche, die im Wechsel von Bändern und Garn gestrickt wurde. Die Bänder stehen senkrecht im Gestrick und bilden dadurch ein plastisches Ornament.

Stricken – eine Handarbeit nur für Frauen?

Ein Vers aus der Biedermeierzeit heißt: »Wenn dich böse Buben locken, bleib zu Haus' und stricke Socken.« So war es früher. Die Frauen kamen gar nicht auf »dumme Gedanken«, da ihre Zeit mit allerlei Hausarbeit restlos ausgefüllt war, und dazu gehörte auch das Stricken von Kleidungsstücken, besonders von Strümpfen, Socken, Handschuhen, Hals- und Kopftüchern.

Das Stricken von Pullovern kam erst in den dreißiger Jahren dieses Jahrhunderts in Mode und hat von da an sehr viele Frauen beschäftigt. Da aber Pullover anfänglich eine reine Männerkleidung waren, die auch von Männern gestrickt wurden, sind wir am Wendepunkt unseres Themas angelangt. Warum stricken heute fast nur noch die Frauen? Blickt man ein wenig in der Geschichte zurück, so wird man feststellen, daß das nicht immer so war. Noch vor zweihundert Jahren war das Strümpfestricken ein ehrenwerter Männerberuf, und selbst Soldaten vertrieben sich auf Wache die Zeit, indem sie Strümpfe strickten. Also eine Empfehlung an die Männerwelt, sich auf diese Tradition zu besinnen. Es müssen ja nicht gerade Strümpfe sein.

Stricken – aber wie? – ist hier die Frage. Da Männer in unserer Gesellschaft eher zu schöpferischer Freiheit erzogen wurden als Frauen – ob ihnen diese von Natur aus eher zu eigen ist, soll hier nicht diskutiert werden –, könnte man ihnen experimentelles Stricken als Freizeitbeschäftigung durchaus empfehlen. An den Knaben ist bereits zu bemerken, daß sie häufig auf originellere Weise stricken als die Mädchen, und daß ihnen Ideen kommen, die man bei Mädchen gleichen Alters selten findet. Auf jeden Fall sollte man weder Schüler noch Schülerinnen mit langweiligen Fertigungstechniken beschäftigen, die ihnen alle Freude am Stricken nehmen. Sie können für ihr ganzes Leben eine Aversion gegen diese Handarbeit bekommen. Gerade in der Lernphase ist ihnen ein Sektor schöpferischer Freiheit zu gönnen, damit ihnen das Stricken Freude macht, und Gegenstände entstehen können, die nicht bloße Wiederholungen von Vorbildern sind. Die Herstellung von Handarbeitsvorlagen ernährt zwar inzwischen ein ganzes Gewerbe, führt aber in eine Sackgasse, wenn nicht daneben auch das schöpferische Strikken gepflegt wird. Perfektion nach vorgegebenen Normen kann nicht das ausschließliche Ziel des Werk- und Handarbeitsunterrichts sein.

Da schöpferische Fähigkeiten erwiesenermaßen Knaben wie Mädchen gleicherweise ebenso zu eigen sind wie künstlerische Begabung, dürfte eigentlich auch im gestaltenden Stricken kein Unterschied zwischen den Geschlechtern bestehen. Es geht dabei ja nicht um eine langweilige textile Fertigungstechnik aus dem Bereich der Hausarbeit – ein typisches Vorurteil, das viele Männer vom Stricken abhält –, sondern um gestaltendes Erfinden neuer Möglichkeiten in Strukturen und Farben und um die Herstellung interessanter Gegenstände nach eigener Erfindung.

So öffnet sich auch den Männern das Gebiet des Strickens. Denn es ist anzunehmen, daß Männer andersartige Lösungen im Design verschiedener Strickgegenstände finden als Frauen, und daß sich auf diese Weise beide Geschlechter in ihren Schöpfungen ergänzen können. Von seiten der Mädchen und Frauen mögen überwiegend die zarteren Gegenstände kommen, die mehr Feinfühligkeit und Eleganz zeigen. Von seiten der Männer dagegen sind eher wuchtige Gegenstände zu erwarten, wie gestrickte Bildteppiche, Objekte, Bühnenbilder und große Wanddekorationen, die Ausdruck ihrer Kraft und eines technisch organisierenden Denkens sind. Doch wie gesagt, dies sind von einem bestimmten Erziehungsbild geprägte Erwartungen, die für den Einzelfall keine gültige Aussage zulassen. In jedem Fall aber gilt, daß das Strikken wie jede schöpferische Tätigkeit den Menschen in seiner Individualität befreien und bestärken kann. Aber es soll nicht mechanisch durchgeführt werden, sondern den freien Atem des Schöpferischen haben.

Der Verlag dankt den Damen Ernestine Armbruster, Elisabeth Rodenwald, Heidrun Schwaiger, Elisabeth Hering, Anne Debusmann, Christiane Dörfel, Roswitha Seifert, Eva Graml, Christine Beyer, Gisela Zöbelein, Barbara Paul, Rose Häuser, Elfriede Kuhn, die ihre textilen Werkstücke für dieses Buch zur Verfügung gestellt und in den meisten Fällen sogar persönlich vor der Kamera vorgeführt haben.
Den Künstlerinnen Frau Urike Seitz (S. 82, 97, 100), Frau Margot Zeiß (S. 14, 15 und 11 als Ergebnis ihres Unterrichts), Frau Soo Yun Chun (S. 60, 108), Frau Sylvia Schreiber (S. 99), Frau Marianne Ellerbrock (S. 80 und Umschlag), Frau Gertrud Schaper (S. 34, 35, 49, 67, 91 und 113) und Herrn Herbert Dlouhy (S. 112, 130 rechts und 126 als Ergebnis seines Unterrichts) sei für ihr persönliches Engagement bei der Entwicklung strickerischer Ideen besonders gedankt.

 ISBN 3-475-52421-X

Das Buch erscheint in der Reihe »Rosenheimer Raritäten« im Rosenheimer Verlagshaus Alfred Förg GmbH & Co. KG, Rosenheim.
Es wurde gedruckt und gebunden bei der Druckerei Ludwig Auer in Donauwörth.
Den Umschlag gestaltete Ulrich Eichberger, Innsbruck.
Die Fotos stammen von Elisabeth Hering, Gertrud Roth-Bojadzhiev, E. A. Krauss und dem Rosenheimer Verlagshaus.